JN023272

宇宙のまんなかで

いまこの瞬間からハピネスを創る

永田しのぶ

SORAUMI BEAUTY CEO

三楽舎

まえがき

私は、とても運の良い人間です。

「しょっぱなから、なんやねん」って感じで
すが、そうなんです。
毎日、思いのままに生きています。

どうして運が良いのか。
なにをしたら運が良くなるのか。
なんでも思いのままになるってどういうこと
なのか。

それは、そんなことを考えないからじゃない
かと思っています。

いつでも「今・ここ・私」だからだと思いま
す。
そうしようと思っているのではなく、自然に
そうだから。

私は、私がつくった世界に生きています。も
ちろん、これまで何もかもがうまくいったわ
けではありません。人よりも壮絶な体験はた
くさんありますし、実際、３回死にかけてい
ます。（笑）

それなのに「運が良い」ってなんで？　と思われたでしょうね。

それは、その一つひとつの経験からたくさんのことを感じ、泣き笑い、感動してみたかったのは、誰でもない私自身だからです。
誰もがそうです。みんなそれぞれに、いろんな体験をしています。

でも、嫌なことがあったりうまくいかないことがあると、「人生は思いどおりにいかない」「自分はツイていない」と思ってしまう。

自分自身がつくった世界に生きているのだから、したいようにできるのに「こんなはずじゃない」って。

「ここではないどこか」を探して、満ち足りていることに気づかないでいる。

私たちは、それぞれ必要なものを全部もっているし、最高な状態にいます。それに気づくか気づかないか。それだけの違いです。

すでに目にしたことのある言葉、耳にしたことのある話かもしれません。

でも、「今が最高、満ち足りている」と感じていないのなら、今、ここで、その呪縛から自由になりませんか？

私はこうして本を書くことになって、言葉で伝える必要ができたから、言葉を使って伝えられるよう、考えています。

でも本来は、頭で考えることより、感じたことにしたがっているから、今、この瞬間の私がハッピーでラッキーなのだとわかっています。

これまでヒーリングサロンでたくさんの方々とお話ししたり、ヒーラー養成講座では、サポートを求める人のためにできることをレクチャーしたりしてきました。そういった場では、もとになるのはすべて自分の体験ではありますが、言葉を使って、理論を解説してきました。

「言葉ではわかりにくい」という声もありました。

確かに、言葉では本当に説明しにくいです。言葉での説明と対極にある感覚に集中するということですから…。

私自身、ヒプノセラピーや右脳、その他いろいろなことを学んでいるときには、理論で書かれた解説や、教えてくれる方々の話から、たくさんのことを知りました。ほとんどは「わかってはいる」ことだったけれど、改めて気づいたり、それをどうしたら他の人のために生かしやすいかということを得てきたりしたような気がします。

本に書くのは、もっと難しい。受講生さんやヒーリングを受けにくる方々には、直接会って伝えることができます。言葉に納得しきれなくても、私を見てもらえる。エネルギーを

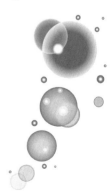

感じてもらうことはできる。

ところが本では、文字だけで伝えなければな
りません。

本を書くというお話をいただいたとき、最初
は「どうしよう」と思いました。

でも「やってみたい」と思ったので書きはじ
めました。

今、ここで、私はやってみたい。

「やっぱり言葉で説明するなんてムリや」っ
てことになるかもしれない。

そもそも「永田しのぶって誰やねん」ってい
われるかもしれない。
ここに書くために、ムリクリそういうマイナ
スな思考をひねりだしましたが、自分ではそ
んなこと考えることもありません。

やりたいか、やりたくないか。それだけです。

過去のことも、未来のことも関係ない。
もちろん、すべては今へ、そして今からつな
がっているのだけど、それは今にフォーカス
していれば、つながるように見えているだけ。
ましてや、人がどう思うかなんてまったく関

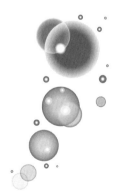

係ない。

というわけで、書いてみます。

伝わったらうれしいけれど、伝わらなくても
いいのです。

ただ、自分自身のワクワクと、感覚のままに
書き進めていきます。

本書が少しでも、あなたが「今この瞬間から
ハピネスを創る」お手伝いができることを願
って…。

目 次

Chapter 4

探しものはなんですか？

Chapter

1

頭は有限、感覚は無限

今日と明日は違う世界

　「今日と明日は違う日」といえば、「そりゃそうやろ」って返されそう。でも「今日と明日が違う世界」って言ったら、「ん？」ってなりませんか？

　どちらも同じことなのですが「日」という現実と、「○○な世界」という抽象的な言葉で並べられると、「？？」となる。

　それどころじゃありません。今と１分後だって違う世界。今のこの世界が存在するのは、一瞬だけ。一瞬一瞬の積み重ねを、つながった時間と勝手に認識しているだけです。

　私たちは、今、この一瞬を生きています。

だからといって「今のこの一瞬一瞬は、かけがえのないものだ。大事にしよう！」なんて、昭和の熱血ドラマのようなセリフを叫ぶということではありません。

　言いたいことは、私たちはいつでも、何にもしばられていないということです。誰もが今この一瞬を生きているというだけです。

　それは投げやりだとか、計画性がないということではありません。今、やりたいことを全力でやる。それが、「今はのんびりしたい」でも良い。今、やりたいことをしているだけなのに、「投げやり」だとか「今だけ良ければいいのか」なんてことは関係ないですよね。

もちろん、自分がやりたいことと同じ熱量
で、相手のやりたいことも尊重しなければな
りません。自分だけ良いということではあり
ません。

　マイナスな言葉を使えば、その時にはマイ
ナスなことが起きる。それは本当だけれど、
なぜかといえば、私たちがマイナスな言葉に
しばられているから。逆に、良い言葉、ポジ
ティブな言葉を使っていれば良いことが起き
るのだから、便利なものでもあります。

　このような文章を書いておきながら、言葉
で難しいことやもっともらしいことなどを並
べるつもりはありません。ただ、必要として

頭は有限、感覚は無限

　いる人に、必要なことを伝えられたら、うれしいなと考えています。伝える手段をたまたま、言葉で記された本書であるということです。

　あぁ、でも、もう想像以上の難しさに気づきました。昨日と今日、今日と明日とが違う世界だという、シンプルな違いを伝えるだけでも難しい。

　とはいえ、今やりたいことなので、可能な範囲まで伝えていきます。本書に書かれた言葉からだけでなく、読んでくれた人に心で伝わるものもあるはずだから。

元も子もなくてナンボ

　私がこの話をすると、みんな「ウソやぁ〜」と笑い飛ばしてネタ扱いするのですが、小学生のころは、周囲とあまり交わらず、ひっそりと過ごす子どもでした。

　誰かに護ってもらっている感覚は、当たり前のことだと思っていたし、兄もそんな感じだったので、わざわざ言うこともありませんでした。母も、この状態をきっとわかっていたと思います。

　しかし、学校に行くと、なんとなく周囲と自分が違うような雰囲気は感じていたような記憶があります。だから、ひとりでいたのかな。

話がそれたけれど、大きな存在に護られながら、自分の好きなことをしてきました。なので、いろいろやった末に、元の場所に帰ってきたという感覚がよくあります。それももちろん、元とまったく同じである場所ではないのだけれど。周囲の人から見たら「なんだ、元も子もないじゃん」状態。

　「これをしたい」「これが好き」という感覚で動けば、自由で無限で、大いなる護りがついてきます。「元も子もない」でも全然いい。したいようにしたのなら、元に戻ったわけではなく、もっと楽しく幸せになっているからね。

元はすでに取れている

　先日も、すごく欲しかった自動車とご縁が
あったので購入契約をしたら、息子が一瞬で
ダメ出し。結局契約を取りやめることにしま
した。営業さんは「どうしました？」って困
惑していて、申し訳なかったけれども、息子
と話して「そやな、やめよう」ってなったん
です。

　欲しかったから購入契約して、なんか違う
なって思ったから契約破棄した。それだけな
のだけど、この話をすると、みんなビックリ
します。「ワガママ」とか、それこそ「計画
性がない」って思う人もいるでしょう。「息
子のいいなりか」とかね。

全部違うし、たとえそう思われても良い。誰かにそう言われたり思われたりするからといって、自分がやりたいことを変えるつもりはないんです。

　こんなときには、「元も子もない」とか「元の木阿弥」とかのネガティブな意味をもつ言葉が使われます。でも、私は別にいいじゃないって考えます。

　そもそも「元を取ろう」なんて考えていたら、今、自分がやりたいことはできないような気がします。それは頭で考えることであり、そうしている限り有限。つまり、自由じゃないし、解放されていないこと。

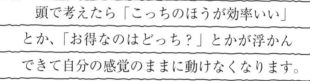

　頭で考えたら「こっちのほうが効率いい」とか、「お得なのはどっち？」とかが浮かんできて自分の感覚のままに動けなくなります。

　自分の感覚に素直に沿っていれば、あとで「ああ、こういうことだったのか」と、わかる出来事がちゃんと起こります。

　自動車の契約を止めたことも、あとでちゃんと理由がわかりました。

楽しむために
ここにいる

　私にとっての当たり前のことは、たくさんのスピリチュアル本や自己啓発本などにも紹介されていること。「人生は楽しむためにある」「人は幸せになるために生まれてきた」。

　それでも、そう思っていない人、思えない人がたくさんいるから、ヒーリングを受けたり、癒し系の本を読んだり、スピリチュアルを学んだりする人がたくさんいるのですよね。

　これも言葉で伝えるのはとても難しい。日本は特になのかもしれないけれど、「楽しいことばかりしているとダメになる」「幸せになって良いのは頑張ってきた人、苦労してきた人」というイメージが根強くあります。

たとえば、家が代々大金持ちであるために、働かなくても好きなことができる。そんな人を見ると、ネガティブなことを言う人が多くないですか？

　その人が良い人であっても、何かアラを探そうとしたり、何か不幸なことに巻き込まれると気の毒がるふりをして、心の中ではちょっとスッキリしていたり。

　こんなことを読んでいること自体がイヤですよね。

　それから、「人生は修行の場」的な教えも数多い。そうかもしれないけれど、修行とは

そもそも、苦しみやガマンがつきものなので
しょうか。

　仏教用語の修行には、「人間的な欲望から
解放され、生きていること自体に満足感を得
られる状態を追求すること」とあります。

　楽しむこと、好きなことをすること自体は、
この教義から外れていないように感じます。
楽しみや好きなどの内容が、色欲だったり物
欲だったりすると、修行からは逸脱してしま
うかもしれませんが。

　でも、それだっていいんちゃう？　って思
うんですよね。

しなくて済む苦労を
求めない

　とにかく、人生は修行なのだから、ガマンや苦労があって当たり前という考え方。これ、どうでしょうか？　私はそんなふうに考えないし、神様が人間に苦労を強いて、その代わりに何かを施してくれるということも解せません。

　楽しくていい。楽しんでいい。だって、どうしたって大変なことは起こる。それを自分の判断で避けたり、やりすごしたりするのは悪いことじゃないはず。私はそう考えます。

　苦労を重ねると立派な大人になりますか？　苦労をしのぎつつも立派な大人になる人もいるし、苦労で歪んでしまう人もいます。苦労を知らないと打たれ弱かったり、人の痛み

がわからなかったりしますか？

いやいや、苦労を味わっている人の中にも
そういう人はいるし、苦労を知らなくても、
立派な人はたくさんいます。

「人の気持ちがわからない」ということは、す
べての人が同じで、自分以外の人（ときには
自分自身さえ）の行動や気持ち、心中を、そ
っくり正確に理解することなんて不可能です。

楽しむことへの罪悪感がなくなり、みんな
が互いに相手の楽しみを尊重して祝福する世
の中になったら、それが本当の平和じゃない
かなと思っています。

"思いのまま"は
当たり前

「最高の人生」「人生を思いのままにする方法」みたいな本は、世の中に数多くあります。これは「最高のカレーレシピ」とか「自由気ままな家飲みレシピ」のような書籍と目的は同じだと思うのでアリだと思います。

　本書も同じです。

　レシピ本のネタは尽きることなく、毎月（毎日？）、何冊も出版されるように、癒しや自己啓発、スピリチュアルなどの書籍も、続々と世の中に誕生しています。その膨大な数にのぼる書籍の中から自分に合うと思うものを選択できるのですから、これは良いことだと思います。

願いが叶う、ラッキーなことばかり不思議と起きる、自分の思いのままになる。これは当たり前のこと。自分の人生は、自分が決めているから当然なことです。

　ハンバーグや豚汁などの調理が得意な人は、おいしく作れて当たり前。おいしい料理の調理方法を知りたい人はレシピを参考にすれば、きっとおいしい料理ができるようになるでしょう。

　思いどおりな毎日も、これと同じはず。当たり前に、物事を行っている人は、それを自分で楽しんだり、方法を教えてあげたりする。知りたい人は方法を見て、真似してできるよ

うになっていく。これは別に難しいことでも、特別なことでもありません。

　気に入ったハンバーグのレシピ本を見て「肉を3分こねるなんてムリ」とか「ナツメグをこんなに入れちゃいけない」と思うのであれば、レシピを見て調理する意味がありません。いつもどおりの調理方法による自分のハンバーグを選べば良い。

　「人生は思いのままですよ」という書籍を読んで、「そんなわけない」「私にはムリ」という感想をもつのであれば、今までどおりに暮らし、それを自分が選んだという自覚をもつことです。

自分の人生は、大人であれば自分で選べます。100グラム1000円のひき肉を使ったハンバーグの調理は難しくても、そのようなレシピでなくてもおいしいハンバーグは数多くあります。それを探して、そのレシピで調理してみれば良い。100グラム1000円のひき肉を使ったハンバーグのレシピを工夫して、お手頃な価格のひき肉でおいしいハンバーグを調理しようとするのも楽しくないですか？

　それでも100グラム1000円のひき肉のハンバーグでなければ思いどおりでないということであるならば、そのような高級な肉を買えるようになればよいのです。それも選べます。できます。

人生は思いどおりにできる。

　そのことがわかれば、そこに向かっていけます。方法を書いた書籍も数多くあります。

　しかし、「どうせできっこない」「やってみるけれど、きっとムリだよね」と思っていれば、当然ながらできません。

　すべて当たり前のことなのです。

願うことは大切？

　心の中で強く望めば、それは叶う。そう思いますか？

　願いというものは、あっても良いし、なくても良い。私はそう考えています。

　「願う」よりも感じることが、思いのままになることにつながるからです。

　思念の力は強いものだし、自分の願いを明確にすることは、そこに向かうための近道かもしれません。そういう意味では、「願えば叶う」という言葉も納得できます。

　でも、「願わなければ」「思わなければ」と

がんばる必要性はないのです。

「ムダがない」というと、ちょっと違う意味
合いになりそうですが、「やりたいことを願
う」ではなく、「やりたいことを実行する」
だけというのがポイントです。

　思考は、現実化します。

　これは、本当だと思います。でも、その意
味は、頭の中で考えているだけで世界が変わ
るということではないはず。

過程よりも、
結果よりも今

　今現在「できない」「うまくいかない」「どうせダメ」というような思考で生きているなら、意識を変える必要があるでしょう。考える、願う、祈るということが、有効に働くこともあるでしょう。

　しかし「どうせダメ」から「きっとできる」に思考を変えるのは、それも頭で考えていることです。自由な心に変えるために願ったり考えたりしているけれど、そこには思考の限界があるはずです。

　「きっとできる」と考えるより、やってみる。「できる」と自分に言い聞かせて納得するよりも、やってみて実現できたことのほうがよ

り現実です。受け入れたり、納得したりする
ことさえも必要ない。思考がすでに、現実化
しているからです。

　とはいえ、数多くのガマンや忖度、制約な
どの中で生きてきたら、これまでに必要だと
考えていたものが「必要ない」と認識する段
階を必要とするかもしれません。

　いきなり自由な心に変化するのは難しいか
もしれません。

　願いも祈りも、セラピーもヒーリングも、
そういう意味で大切なもの。正直な心で自分
に合うセラピーやヒーリングを受ける。それ

自体を目的とするのではなく、ただなりたい
自分になるために。

　結局のところ、思うままの毎日、なりたい
自分になれれば、プロセスにこだわる必要は
ないんですよね。

夢は現実

そう、夢は現実だし、現実は夢です。

これも口に出して言うと、白々しい感じに受け止められてしまったりします。こうして書き出すと、「よく見る言葉だよね」と思われて終わり。

某国民的人気マンガの都市伝説な「最終回の話」を知っていますか？

未来から来たロボットが、主人公のいろいろな願いを叶えてくれるというマンガです。

実は、その主人公が病院のベッドで眠り続けている意識のない状態であり、楽しかった

世界は寝たきりの主人公が見ていた夢である
というものです。

　改めてこのことを考えてみると、これって
現実世界を表しているみたい。

　主人公が寝たきりという状況は、誰にでも
わかりやすくするためにアイコン化しただけ。
内容としては、主人公の夢の世界を、私たち
が「マンガの世界の現実」に置き換えて見て
いたということです。

　主人公は、夢の世界の中を現実として生き
ている。これは、私たちの現実世界と同じか
もしれません。夢も現実世界も同じ直線上に

あり、それを自分が夢と思うか現実世界と認識するのか。

　もし、それを意識して創出された都市伝説だとしたら、とっても興味深い。わかりやすい形をもって、真実を伝えているといえるかもしれません。

　突拍子もないように感じますか？

　怖い話を聞いたり、映画を観たりしていると、怖い夢を見るようになります。そういう経験をもつ人は数多くいるでしょう。憧れや願いなどが叶った夢のような時間の夢を見るのも、めずらしいことではありません。

思考や願いなどはもちろん、頭であらためて思考化しなくても、「怖い」「なんてステキ」といった事柄が夢になる。願ったり、願わなくても心で感じたりしたら、それは現実化するということ。というか、もう現実化しています。それは夢を見ることで証明してくれています。そして、それはすでに、皆さんが体験していることのはずです。

　そう考えると、夢は現実だし、現実は夢ということになるのです。夢は現実になるとか、思考が現実化するというのは、とっても当たり前のことだと理解していただけましたか？

右脳人生で行こう

　私たちの脳は、大脳部分が左脳と右脳とに分かれています。これは聞いたことのある話かもしれません。

　不思議なことに、左脳は体の右側部分の動きをつかさどり、右脳は左側部分の動きをつかさどる（本当にざっくり言ってしまえば）。つまり、右手を動かすのは左脳だし、左足を踏み出すのは右脳の指示によるそうです。

　そして、左脳は言語や思考などをつかさどり、右脳はイメージや感覚・感情などをつかさどるということも知られています。「右脳人間」あるいは「左脳人間」なんていう言い方もありますね。イメージ的には右脳人間が

感覚的であり、左脳人間が理屈っぽい、みたいな。

　右脳優位か左脳優位かの診断方法なども、書籍やネットなどに数多くあります。私は誰がどうみても右脳人間ですが、もともと（というのが本当にあるのかわかりませんが）右脳派か左脳派かというのはどちらでも良いと考えています。

　それよりも今、この一瞬、この毎日を右脳で生きるか、左脳で生きるか。

　もちろん、どちらが優れているとか悪いとかいうことではありません。

ただ、私自身は頭で考えるよりも感覚のままに生きたい。理論的だけれども、だからこそ制限を設けてしまう左脳よりも、感覚のままで自由に解放された右脳で生きていきたいし、それしかできません。

　息子も完全に右脳型の人間で、毎日それはそれは楽しそうに生きています。部活動を終えて夜遅く帰ってくるときも、ルンルンで帰ってくるような感じ。事前にきちんと準備することはしないし、毎日登校時間の直前に起きてきますが、あわてることなく、あっという間に家を出て行き、遅刻はしていません。

　部活の休みはほとんどないのですが、２日

くらいの休みができたりすると「ソウルに行こう」とか、半日の休みができたら「姫路城に行こう」とか。とにかく自由です（ちなみに我が家は、滋賀県、琵琶湖の近くです）。

普通の人なら「今から姫路城？　急すぎんねん」となりますが、「わーい、行こ行こ」となるのが私。

しかも、息子も私も事前に検索なんてしていないから、目的地の近くの駅に着いたら入場時間ギリギリ。姫路城まで歩くと15分ぐらいかかるその駅から超走って滑り込みセーフでした、と、こういうことがめずらしくないわけです。

それでも、息子と私にとっては「姫路城、最高だったねー」と思い出に刻まれているわけですが、父親は「あんなの二度としたくない」と。だから、また、急にめずらしい連休ができて「沖縄に行こう」となったら、父親は留守番で息子と行きましたが「なんでおいていくねん」って文句を言う。

　右脳派の人がすべて、このような感じであるというわけではありませんよ。楽しみなことをずーっと前から準備する人もいるでしょうし、ルールが大好きな人なら、ルールをたくさん設けて守って暮らすかもしれません。

　ポイントは、「自分軸」と「自由」。

ここにしっかりとフォーカスしているから、
常識なんて関係ない。

自由になんでもできるのです。

「笑っちゃうほどうまくいく」ってどんな感じ？

　右脳の話をはじめると、その内容だけで本が1冊終わってしまいます。1冊どころか、右脳の本を検索すれば、いくらでもヒットします（なので、この本ではあちこちでチョコチョコと右脳の話をしていくつもりです）。

　幼児教育で有名な「七田式」教育とは、オリンピック選手や著名人を何人も輩出している教育法です。左脳波の親が見たら「そんなん、できるわけないやろ」ということを当たり前のこととしてやらせ、子どもたちも普通にこなしていきます。

　もともとの左脳派あるいは右脳派といったタイプには関係なく、右脳を伸ばす教育とい

うのができるということです。

　このような環境で育った子どもは、自分に限界があると思っていません。というより、自分に限界がないことを認識しています。だからといって好き放題するわけではありません。

　限界がないというのは、何もしなくても全てのことができるということではない。努力をすれば努力したぶんだけ、限界なく成長できるということを知っています。

　だから、スポーツでも芸術、文学、論理の世界でも、有名な人が数多くいます。これま

で日本人にはムリだと考えられていた成績を
残したり、世界で初めての軌跡を残したり。

　七田式教育の話ではなく、右脳がすごいと
いう話です。一般的な日本の学校教育は、も
のすごく左脳寄り。

　しかし、『窓ぎわのトットちゃん』の「ト
モエ学園」なんかも、左脳だけではないバラ
ンスのとれた教育に力を入れていたと想像し
ます。このような教育方針を採用している学
校は、まだまだめずらしいということですね。

していることが
やりたいこと

　兄や私は、ごく一般的な日本の学校で学んできました。父母も普通の常識人だと思います。でも大いなる加護はずっと感じていたし、実際に、人から驚かれるほど、自分で笑ってしまうほど、最後はすべてうまくいきます。子どものころから、ずっとそうです。

　何かで名を成したわけではなく、お金持ちと結婚して悠々自適の毎日を送っているわけでもない。周囲から見れば「何がいいねん？」という人生でも、私にとっては最高です。自分が本当にやりたいことだけしています。

　推しの抽選ライブにはほぼ当選するし、何

かをはじめようかなと思えば、決める前から
最適な条件の物件や、什器が揃っていきます。

ヒーリングサロンをはじめたら、まったく
休めないほどクライアントさんが集まり、サ
ロンを卒業しようと思ったら、良い形で次の
やりたいことへと向かえています。

これはもう、感謝そして感謝。

護ってくれている存在に。周囲の人々に。

そして、自分自身に。

だれにも自分だけの
幸せがある

　前項でちょっと触れましたが、私は毎日最高に楽しくて幸せですが、それは私だけのもの。私は、人から羨ましがられるような生活をしているわけじゃありません。

　もし「人から羨ましがられる生活」が幸せだとしたら、私は幸せではなくなってしまう。同じものでも見方や感じ方などによって、評価はまったく変わりますね。

　だれにも自分だけの楽しみや幸せがあり、同時に悩みや迷いもあるでしょう。それを「そんなの全然幸せじゃない」とか「そんな悩みはちっぽけだ」なんていうのは無意味です。言われても、まったく関係ありません。

「お気に入りのお笑い番組を見て笑っていること」という私の幸せを、「そんなこと」と言う人がいても私には関係ありません。めっちゃ幸せですもん。

　そもそも、人のことをあれこれ言っている時点で、その人自身が幸せでもなく、思いのままでもありません。自分が思いのままだったら、毎日が楽しかったとしたら、人のことをあれこれ言うわけない。

　「何でも自由」。これは何度でも繰り返し伝えたいことですが、間違ってはいけないのは、これは「自分に関して」だけだということ。

頭は有限、感覚は無限

　すべてのことは「今、ここ、自分」に関してのみいえることです。

　だれかと較べたとき。だれかをどうにかしたいと思ったとき、それは自分の今を大切にできていないときです。

　無意識のまま、自分の人生に対して主体ではなく他の誰かになっている。その時点で自由も、幸せも、あなた自身のものではなくなっているでしょう。

較べることは無意味

　　今の社会は、比較の社会です。そこで生き
ているから、どうしても「較べる」システム
に引っ張られがちになります。今騒がれてい
る円安だって、較べるから生まれている。
100円玉はずっと100円玉なのに、他の通貨や、
ものと較べて価値が上がったり下がったりす
るわけです。

　　お金の不思議さと、だからこそ自由だとい
う話はまた後で。ここでは「人から羨ましが
られる生活」を幸せの例として出しました。
幸せが遠くなる例として。

　　人から見た幸せを求めているかぎり、幸せ
になれるはずがありません。幸せも、思いの

ままも自由も、すべては自分軸でしかありえ
ないことだからです。人と較べているかぎり、
どこまでいっても満足できません。較べた人
より幸せだと思えて、その一瞬は満足したと
しても、次はもっと上の人を見て較べてしま
う。

　そして常に他人のことを気にしていて、自
分や大切な人々に集中できない。関係ないだ
れかの言葉に一喜一憂して、はしゃいだり落
ち込んだり、ひとりよがりの正義感を振りか
ざしてみたり。

　自分軸で生きていれば、そんなことはしま
せん。時間を含めて、そんなことに使うエネ

ルギーはムダでしかないからです。自分が好きなことだけする。毎日を自分が好きなことで満たす。そうしていれば、人と較べたり、人を気にしたりする余地はないはずです。

「本当にそうなのかな？」なんて考える間もなく、したいことをしましょう。

　答え合わせも必要ありません。したいことをしている。それがすべてです。

「自由」ってそんなに
すごいもの？

さてここで、元も子もないことを書きます。

自由でいられることは幸せなので、自由を求める人は数多くいます。でも、自由ってそんなにすごいものでしょうか？

だって、大人になれば、みんな当たり前に自由です。歩ける人は、一般的に歩けることを幸せだと意識していません（本当は、とても幸せなことですが）。ですので、病気になると健康のありがたみを知るともいいます。

すると「だから、自由じゃないから自由が欲しい」といわれそうです。でも、自由についていえば、日本で平均的な生活をしている

人はみんな、自由なんじゃないかと思います。

　家族の世話で自由がない。ブラック企業に勤めてしまい自由な時間がない。やりたいことがあるけれど、経済的な問題で難しい。

　そうやって自由じゃないというけれど、これらは普通、自分がすべて選んでいることです。

　会社を辞めると殺されるわけでもなければ、家族の世話がイヤならお別れしてひとり自由になっても、そのこと自体で罪に問われるわけではありません。

そのかわりに失うものがあり、準備してお
かなければならないことがあるかもしれませ
ん。そういったことを受け入れることができ
れば自由を選べます。

　身体的あるいは環境的要因で制限をもつ人
もいます。でも、それをどのようにとらえる
かは自由。

　法律的にできないことがあるので不自由だ
というなら、極論をいってしまえば、法律を
犯して罪を償うのも自由といえるかもしれま
せん。

　とはいえ、周囲の人々と関わりながら社会の

一員として生きていくのだから、そうとばか
りはいっていられません。だからこそ、法律
があります。

　常識は一人ひとり違うから、法律ルールが
つくられているのです。つまり、法律がある
のだから常識にしばられることはないんです。

不自由でいるのも自由

　ただし、自由であるということは、相手の自由も尊重することです。自分だけが自由なわけではない。相手が自由に生きる自由は奪ってはいけなくて、それを制限だというのなら、相手が自分の自由を奪うのも自由になってしまいます。

　この現代社会で、みんなが自由でいるために法律やルールがあります。だから常識なんて気にしなくていい。

　私も子どもが小さなときは、いつでも好きな場所で好きなことをするというわけにはいきませんでした。でもそれは不自由ではありません。自由な選択で生んだ子どもたちが、

母親を絶対的に必要とする時間は限られています。その時間を子どもたちのために使うこと。それは幸せな日々でした。

　自由というと、時間や経済や環境について思いをめぐらせる人が多いでしょう。でも、大切なのは自分が、自分の感覚が自由であるということ。自分自体が自由でなければ、時間、お金、環境条件が十分でも、本当の自由や幸せは留めておけません。

　自分が本当に自由であれば、そのほかのものは自然とついてくるはずです。
　私はいつもそう。みんなそうなれます。いえ、すでにそうなのです。

私のこと①

　小さな頃から「私は護られている」「自分は大丈夫」という感覚がありました。高校時代に家庭教師を始めて、大学卒業時には大手進学塾の講師に就職が決定。子どもに勉強を教えたり、一緒に将来の夢の話をしたりするのが好きでした。

　それがなぜか、入社前日に気持ちが変わり、求人広告で見た自己啓発系のプログラムを販売する会社に就職へ。入社当初から周囲も驚く営業成績を上げ、とにかくめちゃめちゃ売っていました。

ところがある日、飛び込みで営業した会社の社長に「これを買ったら成功するというなら、自分が成功してから来い」と言われました。

「それもそやな」と思った23歳の私は、会社に戻りその場で退職。

　くわしくは書ききれませんが、営業職でかなり力を発揮することができ、その後、結婚して育児を楽しみました。子どもが３歳と小学生の低学年の頃、リーマンショックで夫の給料が３分の１程度に減額。ちょうど自分もそろそろ何かしたくなっていたし、さて何をしよう？

　そのとき、友人に軽い感じで「しのぶちゃんと一緒にいると癒されるから、そういう仕事をしたらどう？」って言われたんです。しかし、当時は占いやスピリュアルにまったく興味がありませんでした。

　そもそも自分でなんでも決めてきたし、護られている感覚がいつでもあるので「人を癒す仕事」といわれても「何それ？」「そんな仕事ってある？」という感じでした。

　しかし、そういうサポートを必要としている人がいるのなら、人のためになれるかもしれない。

　そこで、友人が有名な霊能者に会いに行く

というときについていったり、セッションを受けてみたり。ついには、チャネリングとヒプノセラピーを習うことに。

　チャネリング講座に行くときは、交通費さえない状態でした。説明会で受講料が80万円と聞いて唖然。交通費もないのに80万円なんて払えるわけがない。でもどうしてもやりたいので、とにかく申し込んで帰って……。子どもの保険を解約して75万円。

　受講日当日「これが全財産です。交通費も残らないくらいです。でも受講したいんです」と75万円を差し出しました。受付の女性は驚いて代表の先生に電話をしてくれ、先

生も「おもしろい子やな。5万円はまけてあ
げや」。

　そうして2ヵ月間の受講を終え、卒業した
次の日に自分でサロンを開業をすることにな
りました。

　あとで気づいたのですが、その代表の先生
こそ、その時ちょうど私が読んでいた本の著
者だと知り、本当にびっくりしました。

（2章のコラムに続く…）

Chapter

最初の一歩の
踏み出し方

「やる」か
「やらない」か

「俺か俺以外か」。そんなことを言って話題になった人がいましたね。

まさにそうやん。

その人が、私と同じ意味で「自分か、自分以外か」と言ったのかどうかはわかりませんが、いつでも自分軸。自分以外は、尊重しても気にしない。その代わり、自分のすべては、自分の責任。

「やる」か「やらない」かもそう。

「子どもの手が離れたら」「ボーナスがたくさん出たら」「良い季節になったら」……。

時間やお金、体調、家族、周囲の意見など、やらない理由も、飛び込む理由も、それぞれいろいろあります。

　どんな理由あるいは事情があっても、結局は「やる」か「やらない」か。それだけです。

　「そんな事情があるのだから、できなくても仕方ないよ」「今は、待つ時期なんだ」「きっと自然に良いきっかけがやってくる」。

　どの意見もそのとおり。

　でも「やらない」ことには変わりません。

私は無理をして「なんでもすぐやれ」とい
うつもりはありません。良いタイミングとい
うのは、もちろんあります。私だって、やり
たいなと思うことをなんでもすぐさま実行し
てきたわけではない。始めたあとから「ああ、
今がベストタイミングだったんだな」と思う
ことは少なくないのです。

　言いたいのは、今やれないことの言い訳を
探すことが違うということ。

「今はやらない」という選択は、まったくお
かしいことではありません。

　でも、「やらない」と「できない」とでは

大違い。

　「できない」と思い続けていれば、できない
ままです。

　「○○だから、今はできない」の○○がなく
なったりしても、次の○○が出現します。

できない理由を
消す方法

思い切って踏み出すことができない。
それはなぜだと思いますか？

　時間がないとか、お金がないとか、そうい
うことが根本的な問題ではないはずです。こ
れもよく言われることだけれど、「時間とお
金は、つくろうと思えば作れる」。

　私にとってはちょっと違っていて、「時間
とお金はやればついてくる」。

　できない理由を考えているかぎり実行でき
ないし、「できる」あるいは「やろう」と思
って、実際に始めれば実行できます。だって
もう、事実として始まっているのだから「実

行できている」んです。この事実の前に、できない理由は消えるわけです。

　「既成事実」という言葉がありますよね。インターネットで調べると「すでに成立しているため、受け入れるしかない事柄」や「すでに現実となっていて、だれもが認める物事のこと」「認めるのが当たり前のこと」などと書かれています。

　事実がそこにあれば、認めないわけにいかない。これが「実行する」の強さです。実行したら事実になり、それはだれもが認めないわけにいかない。自然にこの現実世界で受け入れられていくのです。

「原因と結果」を
求めない

　「失敗を恐れる」というのも、前に進むこと
をためらう要素のひとつでしょう。

　失敗したら恥ずかしい、使ったお金と時間
がムダになる。

　ここまで読んで、もうわかりましたか？

　失敗したら恥ずかしい、これは完全に人の
目を気にしていますよね。お金と時間がムダ
になるって、ムダだと思うからですよね。

　そもそも失敗ってなんでしょう。ムダって
なんでしょう？

思ったとおりに進まないこと？

　投資に対する見返りが少ないこと？

　それなら、成功とは思いどおりに事柄が進み、投資に対してそれ以上の利益があったことなのでしょうか。このような状態となれば幸せで、そうでなかったら実行したことを後悔する？

　私にとって成功とは、やりたい時に「やりたいことをしている」それだけです。幸せの定義と同じです。やりたいことをして「首尾良かったから成功」じゃなくて、やりたいことをしている状態がすべて。

「成功」は「功を成す」。実行したことやア
イデアなどがうまく成し遂げられること。と
いうことは、私の考える「している」ことだ
けでは、成功とは言えないのかもしれません。

　そんなんは関係ないやろ。それやったら成
功しなくてもいいし、って感じしません？

　「こうだから、こうしてこうなった」。この
ようなことを説明できると安心する人が多い
みたい。不祥事に関するニュースを見ていて
も、必ず「原因＋起きたこと＋これからどう
すべきか」が、ひとつのセットで語られがち
ですね。ニュースという産物の中では、仕方
ないのかもしれない。しかし、そんな常識に

しばられる必要はまったくありません。

「やりたいからしている」。

以上。

原因と結果の世界から抜け出す。

その意味は、原因も結果も外に求めることではなく、すべてが自分の中にあることに気づく。すると、とっても自由です。それは、なんでも思うままの世界ということです。

やらない理由は
なくならない

　原因と結果の世界からの解放。これは私が、数々の講座などでずっと言い続けてきたことです。でもね、これがもう「なんやねん」っていうくらい伝わりにくい。

　私がスピリチュアルの講師やヒーラーと呼ばれるような活動を卒業しようと考えたことの理由のひとつといえるかもしれません。

　もちろん、自分が思う理想の世界を、実際に実現するために先に辞めたのですが、「今後は人に喜ばれるサプリメントや化粧品を作りたいな」そして、「作ろ」となっただけです。

「そんなの無責任じゃない？」と思う人もいるでしょう。

　でも、私、一人ひとりの受講生さんとの約束は果たしています。みんなに対する責任とか社会に対する責任というものが、私にはありません。あるのは、私と相手との間に交わされた約束だけです。

「原因と結果の世界からの解放」と言っても、言葉では伝わりにくい。それに、伝わったとしても、私自身が自由に、今やりたいことをしていなければ意味がないですよね。だから私は、やりたいことをします。

　繰り返しになりますが、やらない理由とできない理由は消失することはありません。

　いつだって頭の中でどんどん作られていくのです。

否定はなんのため？

　「大好き」「やりたい」「楽しい」「おいしい」。そんな肯定的な言葉に対して、否定的なことばかり返す人がいます。

　「そんなものの、どこがいいの？」「やりたいことだけやるなんてダメだよ」「楽しいことばかりじゃないからね」「おいしいけど高いよね」「太りそうだよね」。

　そういう人に対して「なんでそんなこと言うの？」「そんなこと言う人のほうがおかしい」「かわいそうな人だね」なんて言ったとしたら、同じ土俵に立ってしまいます。

　そういう人は、そういう人。言い返す必要

も、かわいそうだと思うことも、「プラス思考のほうが良いよ」と諭すことも必要ありません。そういう言葉は、受け流す。いやなら、そういう人からは、できるだけ離れる。それだけです。

「同じ職場だから離れられない」「ママ友だから話を合わせないと冷たい人だと思われる」。

やるか、やらないか。それだけです。一緒にいたくない人と距離をおくか。いやな話は、受け流すか。

距離をおくといっても、遠くに行くとか、会わないようにするとか、そんな必要はあり

ません。気持ちを相手から切り離すだけで十分です。気にしない。同調も否定もしない。「なんでそんなことを言うのだろう」「そういう意見もあるか」なんて考えることも必要ない。冷たい言い方をすれば、「相手にしなくていいのです」。

　もちろん、いやなことは断って良いし、相手と違う意見を主張しても良いのです。言いたければ、言ったほうが良い。自分と違う意見が面白いとか、話し合うのが楽しいと思うのなら、そのように展開すれば良いじゃないですか。

　ダメなのは、モヤモヤしながらモヤモヤの

種になったことを考えたり、怒ったり、仕方なく合わせたふりをしたりすること。お互いにそのようなことをしている関係性を作り出していると、それが当たり前になってしまいます。自分の本当の感覚を感じられなくなってしまうかもしれません。

「私は、本当はどうしたいの？」

　そんな問いかけは必要ないくらい、やりたいことだけしていきましょう。

「考えるな、感じろ」。これは、昔のカンフー映画の名セリフです。そうなんです「考えるな。やっちゃえ」。

自分でつくる道は
歩きやすい

　自分に合う会社に出会えない。人生のパートナーとして、この人だと感じられる人がいない。親友と呼べる人がいない。

　当たり前でしょう。だって、自分は自分。相手は相手。ぴったり合う人なんていないし全く理想どおりの会社は存在しない。相手にも相手の意思や都合があります。少し前に流行した「私以外、私じゃないの」という楽曲のとおりです。

　人がつくった道をたどるかぎり、絶対に、自分にぴったりということはありません。できるだけ好きな道を選んで進むことはできるけれど、その場合は、自分の理想どおりでは

ないことを認識し、違いや意外性などを楽し
むことです。

　自分にぴったりのもの、理想どおりのこと
は、自分で創出するしかありません。道をつ
くることは大変なことかもしれませんが、歩
きやすさは格別です。もちろん、いくら歩き
やすいといっても、ちょっと凸凹ができちゃ
ったとか、転んじゃったということがあるは
ずです。

　でも、自分でつくったのだから文句は言え
ない。そこには、見てみたかった景色がある。
たとえ歩きにくい部分があっても、雨が降る
ときがあっても、歩いて進めることが無条件

に楽しい。すでにある道、用意された道を歩いていると、凸凹や雨、ぬかるみなどに文句を言いたくなるけれど……。

そうやって自分の道を歩いているもの同士なら、良好なパートナーシップを築きやすいし、友達としての関係性も深まりやすいはずです。だって、自分で道をつくるという作業経験を共有しているから。

同じ道を歩こうとすれば、一方が他方に合わせることが生じます。だったら、それぞれが自分の道を歩いていけば、みんなが自然にいられるんじゃないでしょうか。

ワープすればラクチン

　さて、道を進むといいますが、それをもすっ飛ばしてワープするという手もあります。

　やりたいことを実行しているときには、いろいろなサインやメッセージが授けられます。それは、いつでも護ってくれる存在と私たちを取り巻く自然（よく「宇宙」と表現されます）を通して伝えられるもの。それを、神という人もいます。言い方はそれぞれで良いのですが、とにかく、自分に降り注いでくるものです。

　それにしたがっているうちに、すべての物事がスムーズに進んでいく。そして、ワープします。

そのゾーンに入れば、それこそ思いどおり。

　そういうと「どうすればワープできますか」「行きたいゾーンに行けますか」と聞きたくなりますか？　「ワープしたい」「今のゾーンを超えたい」と頭で考えているうちは、そのような状態になるのは難しい。思考の世界ではたどりつけない、右脳の領域だからです。

　そこで、宇宙や神に頼るというのも、ありがちなこと。でも、それでは本当の意味において叶っていない。他者に祈ったり、願ったりするのではなく、自分がやりたいことを自分自身で実行することです。

強い願いや想いなどが周囲に影響を及ぼして、その方向に向かうことはあります。あるのだけれど、そのわかりやすい成功体験に依存するのは危険なことです。他者に頼り、叶えてもらう。いえ、叶えてもらったと思い込む。そのクセがつけば、うまくいったらその存在のおかげ。うまくいかなくてもその存在の影響ということになります。

　自分自身で実行することがすべてだけれど、それを見守ってくれている周囲の存在はある。その存在に対する感謝は大切です。でも、起きたことを、その存在の影響だと考えるのは違います。

ライオンズゲートが
開くとき

　私の居場所は琵琶湖畔です。朝に夕に部屋の窓あるいはベランダから、刻一刻と表情を変える琵琶湖やその空などを眺めていました。

　ある日の朝6時に琵琶湖を見ていると、なんだかワクワクしてきてノートにやりたいことをガーっと書き出していきました。ガーっと書くとはいっても、本当に何気なくなんです。

　やりたいことと願いは紙に書いて、いつでも見えるようにしておくと良い。そんな話も聞きますが、私は普段、あまりそのようなことをしません。衝動や直感などを感じたとき、それに沿って素直に行動するだけ。だからこ

のときは「書く」という衝動にしたがったわけです。

　書いている間は没頭していて、時が経つのを忘れていました。「こんなんできるんかな」なんて、考えることもありません。

　書き終えるとノートをパタッと閉じて、ふーっとひと息吐いて、リラックス。「なんで急に書きたくなったのだろう」なんて分析することもありません。が、理由はすぐにわかりました。

　この日は、ライオンズゲート（宇宙の高次元ゲートといわれるもの）が、最大限開くタ

98

イミングだったんです。以前の受講生さんや知り合いのヒーラーさんなど、ＳＮＳでつながっている人たちが次々とそのことを綴ってアップしていました。

　なかには、「ノートにやりたいことを書き出すと良いです」なんて書いている人も。

　そういえば、この数日間は、懐かしい人から急に連絡がくることが多かった、なんてことからも思い当たりました。

　この日にライオンズゲートが開くから、こうしよう、ああしようと考えて行動するのも悪くありません。でも、自分の感覚を主軸に

して、それにしたがっていたら自然に良い方向に向っていたとすれば、もっと自然でとても楽です。

　自分自身の外側にある現象世界に振り回されることがなくなりますから。

私のこと②

チャネリングの講座が終わってすぐにサロンが開けたというと、準備万端に進めていたように思われるかもしれません。

実際は、それも自然な導きがあってのことでした。友人から「マンションの部屋が空いているのだけれど、しのぶちゃん、何かやれば？」と声が掛かったのは、チャネリングやヒプノセラピーを習い始める前のこと。

そうはいわれてもお金はないし、当時の私ができるのは塾ぐらい。でも塾は夜だから小さい子どもがいてはムリだし。ところが冷や

かし半分に部屋を見に行ったら、目の前に琵琶湖がドーンと広がる眺望に心が奪われてしまいました。

　何も決めないまま「借りたい！」とお願いし、4LDKの部屋を駐車場、ネットなどの経費込みで2万円で貸してもらえることに。あり得ないといわれるけれど、常識なんて関係ないんです。そういうことが次々に起きて今があります。

　こうして箱だけはすでにあり、「ほならスピリチュアルのサロンを開こうか」となった頃、友達がネイルサロンに行くというのでついていきました。自分はお金がないからネイ

ルはできず、ただの付き添いということで。

　そのネイルサロンの白いテーブルとイスの
セットがとても素敵で、思ったままほめると
「入りますか？」と聞かれました。

　なんでも、引っ越しが決まっていて、持っ
ていけないけれども、気に入っているのでも
ったいなく、もらってくれる人を探していた
そうです。

　その場で運び手も見つかり、ラッキーづく
しのサロンがオープン。

　でも集客はどうする？

　チャネリングを受けてみたいとやって来た
友人が、セッションの後でイベントに出店し

てほしいと言ってきました。

　軽い気持ちで引き受けたところ、イベント事務局に予約の電話が止まらない。チャネラー仲間も誘い２人で参加したものの、トイレにも行けない怒涛の混雑ぶり。

　このイベントでチャネリングを体験した人たちの口コミにより、すぐに滋賀県中の主婦が集まってきているのかというくらいの人気サロンになることができました。

　そのままコロナ前まで10年くらい、朝９時から夜の10時くらいまで、毎日ずっと人々を癒す日々が続いたのです。その間に、ヒーラーになりたいから教えてほしいという人が

増えて講座をつくり講義することにもなりました。

　どれも最初から計画したとか、思い描いていたということではありません。その時々に「やってみたい」と思うことをしていたら、自然にそうなっていたということです。

　もちろん、叶えたいことがあって、そこに向かって努力することは素敵です。願うことは叶うのだから、計画をして進めていってもいい。

　ただし将来を考えていても、必ず「今」を

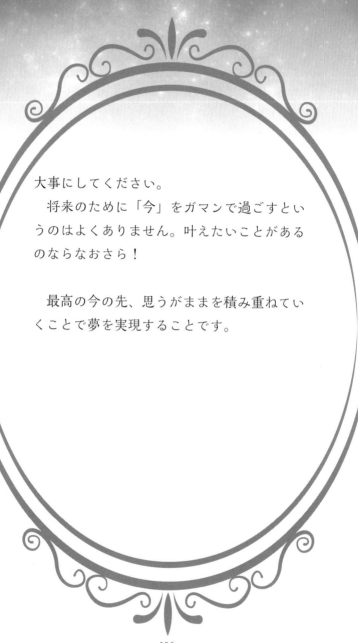

大事にしてください。

　将来のために「今」をガマンで過ごすというのはよくありません。叶えたいことがあるのならなおさら！

　最高の今の先、思うがままを積み重ねていくことで夢を実現することです。

Chapter

人づきあいに悩む
なんてもったいない

第一優先は
自分との関係

　人が２人寄ればケンカがあり、３人集まれば派閥ができる。この文言は多用されますが、自分以外の人と関わるかぎり、人間関係のトラブルは避けられないということです。

　「すべての悩みは、人間関係から生まれる」というのも、よく知られている言葉です。

　みんな人間関係に悩んでいるってことですね。

　だれもが避けられないことなのだとしたら、そのことで悩んだり苦しんだりするのはもったいない。そのように思いませんか？　だって、世の中の当たり前のことに四苦八苦して

いるということですよね。

　相手のことを、そんなに深く考える必要は
ありません。どんなに考えても、わかりたい
と願っても、それは無理なことなのです。何
度も言いますけど。そのことを求めるかぎり、
ずっと苦しみが続きます。

　同時に、相手に自分のことをわかってもら
いたいと思うのもムダなことです。そんな期
待は不毛だし「私のことをわかって」なんて、
あなたが驕っているといえるかもしれません。

　ということで、多くの人にとって、真剣に
向き合うべきはまず自分自身です。

本来なら、自分と向き合うというのはちょっと不思議なことですが、周囲の評価と比較という関係の中で生きている現代の人々にとって、自分自身のことでさえも自分の手から離れてしまっていることが多いからです。

　「だれかが自分のことをどう思っているか」ではなく、自分自身のこと。自分は本来、何が好きで、どうしたくて、どんなふうにいたら幸せなのか。それ以上に大事なことがありますか？

家族という仲間の不思議さ

　同じ家で生活を共にする家族であれば、他人よりはわかりあえるのか。

　私は、そのようには考えません。「家族なのだから、わかってもらえるはず」「わかってくれないなんてひどい」なんて思うとしたら、むしろ厄介です。

　大切な家族だから、わかりたいと思うし、わかろうと努力をする。それで良い。それしかできない。さらに、互いを大切に思うことに、互いに理解しているかどうかは関係ありません。それは家族にかぎらず、相手がだれであっても同様です。

「親だから、子どものことはわかっている」。ドラマの感動シーンでよくあるやつです。特に、「母親だから」というのは「わかっている」のではなく「知っている」じゃないでしょうか。

　自分が育てた子どもであれば、長時間接して、他の人は見ないシーンも見ています。だから、「知っている」のは当たり前です。「知っている」と「わかっている」とは似ているようでまったく違います。

　知っているぶん、わかることも他人よりは多いはずです。だからといって、親と子や夫婦、兄弟姉妹など、家族と呼ばれる関係であ

っても、それぞれが一個人です。みんな別々の自分があり、やりたいことがあります。

　それが同じ空間で協力しあって暮らしたり、家族というグループの中で、互いを大切に思って生活したりする。このような関係性があるのであれば、とても尊くユニークなことかもしれません。

　ひとくくりに家族といっても、様々な形があります。血のつながりが、家族というグループを指しているわけでもありません。一緒に暮らしていなくても家族は家族であり、同じ家にいても家族とは認識できない関係もあります。

ですので、家族とはひとつのチームであり、仲間と言えるのではないでしょうか。その割合はそれぞれですが、運命共同体であるという一面も持ち合わせています。

　これって、すごいご縁です。今のこの夫と子どもたち、自分と配偶者の親、兄弟姉妹、その他にも共通意識を有しているということでつながっている人たち。このような人たちとのめぐりあい、家族となったこと。

　このご縁に感謝して、「家族だから」を言い訳や理由にすることなく、互いに尊重しあう。大切な存在であればあるほど、自分と重ねることなく客観的に。

普段は家族について改めて考えることもな
いですし、考えるものでもないとは思います。
なんとなく、私はそんな家族関係っていいん
じゃないかなと感じています。

子育ては最高の
自分育て

　親は、子どもによって真の親になると言われます。子どもが生まれれば、だれでも親と呼ばれます。だからといって、親として完成するわけではないのでしょう。子どもを育てながら、子どもと一緒に親として成長していく。そして、親には終わりがない。そんな気がします。

　人間を育てるということは、はっきりいって簡単じゃありません。すごい人に育てようなんて思わなくても、です。

　まず、人間というのは、たいていの動物と較べてひとりでは何もできない時間が長いです。放っておいたら死んでしまう期間が長い。

すなわち、目を離せない期間が長いというこ
とです。

　初めての子育てならば、親にとっても何も
かも初めてのことばかり。親に何もかもして
もらっている子どもよりも、親のほうが自発
的に変わらなければならないわけです。

　生きていれば楽しいこと、よくも悪くもド
キドキ、ワクワクすることはたくさんありま
す。その中でも、人の命を自分の責任で扱う
ということは、さまざまなものがかなり凝縮
された経験です。

　自分が変わるほどの経験というのは、子育

てということだけにかぎりません。でも、人間を育てるということは、人生の中でかなり大きな経験であることには間違いはないでしょう。

　私にとっても、子どもを産み、育てることは特別な経験でした。そして、それは、まだ続いていきます。すでに子どもから教えられることも数多くありますが、親としての楽しみは終わりません。

「ほめる」「認める」子育てっていわれても…

　子どもが生まれて、見方が変わったこと、気づいたことは数多くありました。空を見て風のにおいをかいで、子どもが見せる表情にハッとすることもありました。子どもが私を見る目に胸がキュンとしたこと、子どもの一喜一憂が新鮮だったこと。

　そして、自分が子どもだった頃のことを思い出すことも。私の子ども時代の親や教師は叱るときに口だけでなく手が出ることもありました。愛情ありきで手が出ることは、ある程度容認されていた時代でした。私も、自分が調子に乗ってしまったとき、悪いことをしてしまったときに、少しぐらい叩かれることはおかしいとは考えてもいませんでした。当

時の周囲のみんなも、そうだったと思います。

　今だったら、体罰としてすぐに問題になってしまうでしょう。さらに、子どもの人格を尊重し、ほめること、認めることが大切だと言われたりします。

　これらが間違っているとは言いません。良い面が、数多くあるはずです。とはいえ、やみくもにほめて認めることが良く、叱ることはいけないというのは疑問です。

　子どもって、理屈では説明できない行動をすることが少なくありません。本人だってわけもわからず、感情に任せて騒いだりします。

私の息子は、赤ちゃんの頃、ファミリーレストランのテーブルの上で踊ったりしていました。もちろん、そんなときはガッツリ叱っていました。

「頭ごなしに叱らずに、理由を聞いて話し合いましょう」なんていう育児書の浮世離れしたアドバイスなんて聞いていられません。まわりの人に迷惑をかけることにもなりますから、まず叱る。理由を聞いたり話し合ったりするのは、その後でした。

　子育てには（だけでなくすべてのことに）、正しい道がたったひとつではありません。だから、私の対応が正しかったと言うつもりは

ありません。ただ、そのときにやるべきと考えたことを実行しただけです。自分と息子にとって正しいと思うことを。

　子どもは１人の人間ですが、社会性がまだ身についていない存在です。その人格を尊重すべきかどうかは、状況によるのではないかとも考えます。

子どもに繰り返し 伝えたこと

　私にとっての息子は、おもろかわいい家族の一員ですが、周囲の人々には不思議と思われることも多いようです。たとえば、時計を見ずに現在の時間を認識していること。わが家には壁掛け時計がなく、それで驚かれることがあります。でも、私も息子も不自由していません。

　私は必要ならばスマートフォンで時間を確認しますし、息子にはそれも必要ないみたいです。朝は何も見ることなく、決まった時間に家を出ていきます。同級生と一緒にいるときには、みんながよく息子に「今、何時？」と聞かれるそうです。息子の答えにだれかが時計を見て確認。すると、やっぱり答えがあ

っているというのです。

　そうかと思うと「明日」とか「明後日」という時間の概念はないようで、先の話をすると、他人事のように興味なさそうに聞いています。しかし、翌日でもその次の日でも、事前に話していた時間ぴったりに必要なことをします。

　私も１年間分の予定表が頭に入っているとか、買い物ではメモなしに必要なものをきっちり買えるなどと、便利なことがいろいろあります。息子は、さらに必要なことがすべて本人の中にある感じです。ファミレスのテーブルの上で猿のように暴れまくっては、私に

容赦なく叱られていた息子ですが、いつの間にかそんなふうになっていました。

　娘はずっと文系だったのに、高校2年生の途中で「友達が医者になるって言うし、私もそうしようかな」と言いだして、そこから本当に国立大学の医学部に進みました。

　特別な育て方をしたつもりはありません。ただ、子どもたちには幼少の頃から、いつでも「自分はどうしたいん？」とか「どう思う？」と聞いていました。「こうしたい」と言えば、「したらええやん」と。

　もちろん、人に迷惑をかけるようなことは

させない。相手を尊重するといった最低限の
ルールは守ったうえで。

　子どもたちも自分と同じように、だれでも
それぞれやりたいことや考えを持っており、
それを尊重しなければならないということを、
私が言葉で伝えるまでもなく、自然と身につ
けていたようです。

　私は自分がやっているように、子どもたち
も「今、やりたいことを実行する」と良いな
と思っていました。だからといって強制した
り、言葉であれこれ言ったりするのではなく
小さな頃には「どうしたい？」とか「どう思
う？」という簡単な声掛けをしてきました。

そして、子どもたちが「やりたい」と言ってきたことを、実現できるように一緒に考えたり、調べたり、あきらめかけていたら一生懸命応援したり、それが親である私の大切な役割だと思っています。

最高のパートナーとは

　パートナー選びを人生の重要ポイントに挙げる人が、少なくないのではないかと思います。

　それは、そうですよね。親や子どもと違って、自分自身で選び、人生をパートナーと共に歩こうとするわけですから。

　「出会いがない」「へんな男（女）とばかり付き合ってしまう」「1人の相手と長続きしない」「ケンカしては後悔する」「相手に暴力（言葉を含む）をふるわれている」……

　これまでに、そんな悩みをどれだけ聞いてきたことか。

以前はヒプノセラピーも手掛けていたので人間関係に関するお悩み解決をサポートする機会が数多くありました。セラピスト養成講座の受講生の中にも「夫の顔色を見てビクビクしてばかりいる」といった人が数多くいました。

　誤解をおそれずに簡単に言ってしまえば、どの問題も根っこの部分は同じ。周囲の評価を気にしてばかりいるから、正しい相手との出会いに気づけない。気づいても動けない。しかも、自分軸で生きていないという感覚が働かない状態なので、マイナスなもの、合わないものばかりをつかんでしまう。

それこそ、パートナー選びであればマックスの自分軸、自分軸しかない状態で見極めるべきことです。自分と相手、それだけを感じれば良い。

　しかし、「この人しかいない」とか「一緒にいないとダメ」と思うような相手は、一般的には正しい相手となりえません。この人と一緒なら、お互いに自由でいられる。自分自身でいられるということが大切です。いつも一緒でなくても大丈夫。でも、一緒ならもっと楽しい。すごく幸せを感じる。そういう相手です。

　どちらかが、もう一方に依存する、または

支配しようとする。互いに相手を必要としすぎる。このような関係は、恋愛している間は情熱的だと勘違いしやすいのです。

　ずっと同じ道を歩かなくても大丈夫。目指すものや大切に思うことが一致する、違う道を歩きたいときには、それぞれ行きたい道を楽しく歩き、互いに良いポイントでまた落ち合って一緒に歩ける。

　もし行きたい場所が変わってしまったら、それぞれ好きな場所に向かうことを応援しあえる。そんな関係なら、互いに自分らしく、相手との時間を満喫できるのではないでしょうか。

気遣いと遠慮は別物

　気遣いや思いやりは大切です。自分のやりたいことを実行することがわがままだとか、相手の気持ちを考えていないということにはなりません。相手を互いに尊重していれば、それぞれが好きなことをしていても、それが当たり前にうまくいきます。

　「相手が気を悪くするかもしれないから」「きっとこうしてほしいと思っているはずだから」。そんなふうに遠慮して、やりたいことをしないのは、気遣いでも思いやりでもありません。

　そもそも遠慮というのは、「遠くを慮る」こと。遠い未来、大きなことを成し遂げるた

めに、じっくり考えるというのが語源だと言います。それがいつの間にか、「相手のことを考えて、自分を押し留める」というような意味で使われています。

　遠慮は、今の使われ方で言い訳になることが多いような気がします。「あなたのことを考えて、私は自分を抑えたんです」というのなら、それはもう心遣いとは逆の意味じゃないのでしょうか。

　遠慮はする側も「自分の本意ではない」ということだし、遠慮される側は「頼んでもいないのに不本意なことをして、それを自分のせいにされている」感があります。だれにと

っても、うれしくありません。

「俺の気持ちを慮って遠慮しろ」なんていう人が時にはいたとしても、そんな人とつきあっていることがバカバカしい。とはいえ、現代社会を生きる大人として、どうしても遠慮が必要なこともあるかもしれません。そんなときは、遠慮ではなく配慮や気遣いを意識してみましょう。

　気の持ちようで自分を楽にするテクニックも便利なものです。

友達ってなんやねん

　他人同士の関係性の中で、友達というのが実はなかなか難しいと思いませんか？

　恋人と夫婦なら、互いに相手との合意があるのが普通です。恋人の場合はドラマなどで「私たち、どういう関係なの？」なんていうセリフや「恋人気取り」なんていう言葉もあります。しかし、夫婦の場合、どちらか一方が勝手に夫婦と思っているなんていうことはありません。

　それが友達の場合、子ども同士ならばともかく、大人が「私たち友達だよね」なんて確認や念押しするというのはめずらしいでしょう。自分が勝手に「この人は友達」と思って

いるだけで、もしかしたら、相手は「知り合い」や「友達の友達」などと認識しているかもしれません。

　それじゃ、やっぱり確認しないと不安でしょうか。

　でも「友達だよね」と言われて「違うでしょ」と返せる人は少ないと思われます。「え、友達っていうほど親しくないけど」と思いつつも、「うん」というしかなくないですか。

　そもそも、友達の定義も人によってそれぞれ違うでしょう（どこからが不倫かみたいなもので）。

だから結局、友達確認なんて意味がないんです。自分が友達と思う人が友達だし、だからといって、友達だから何かして欲しいということでもない。相手が自分のことを友達だと思っていても、そうでなくても、相手との関係性は変わらないはずです。

　これが確認して「友達というほどでは……」なんて言われちゃったら、もう友達とは思えない。完全に関係性が変わってしまいます。良いことはありません。

　逆に、相手に「友達だろ？」と言われて頼みごとをされるとしたら。それは友達という関係とは思えません。聞くか、聞かないかは

別として頼みごとをされるのはいいけれど、「友達だから頼みを聞いてくれるだろ」と言われるのは、私はイヤです。

　友達がいないのはさびしいこと。友達がたくさんいれば「リア充」。そんな意識もムダです。自分が好きな人と、好きな付き合い方をする。それ以外に必要なことは、ないと思うのです。

腐れ縁も縁のうち？

　腐れ縁って「腐っている縁」ということで、離れたいのに、離れたほうが良いのに離れられない。どちらかというと、ネガティブな意味があるような気がします。

　ところが、昔は「鎖縁」と書いたという説もあります。その説によると、鎖でつながれたように離れられない。運命で結ばれた2人というような、ポジティブなイメージも有した言葉だったということです。

　友達同士が「こいつとは腐れ縁で」なんて笑っているのは、実は鎖縁であり、「腐れ縁」という言葉を楽しんで使っている。むしろ、ポジティブなイメージで使っているケースで

しょう。

　鎖縁なら大切にしたいし、腐れ縁なら手放したい。そこで「どっちだろう」とか「どうしよう」なんて考えるとしたら、それは手放して良い縁かもしれません。

　私は断捨離が大好きなので当然、家の中も物が少ないです。必要なもの、あって欲しいものは感覚でわかるので、それ以外のものを捨てる（そもそもあまりありませんが）ことを迷いません。

　迷うとしたら、私の場合は必要ないもののことが多いです。

人間関係についても同じ。手放すことをおそれません。必要であれば離れなければならないと考えています。

　腐れ縁だと言いながら、ずるずる続いている関係があるとすれば、それは手放そうと考えていないということ。離れた方が良いのに離れられないということはありません。

　でもこれ、一般的にはマイナスな方向でよく聞く話ですよね。

　「腐れ縁」という言葉を使うような相手がいるのであれば、その相手がどちらなのか考えてみるのも良いでしょう。

考えるというよりも、感じてみると良いでしょう。もし、「腐れ縁」なのであれば、それがあるために逃している縁があるかもしれません。

　本当に必要な縁ならば、またいつか必ずつながることになるのです。

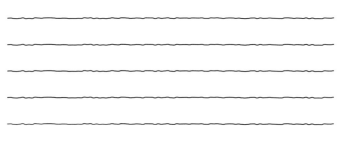

「いい人」マジックの
タネ明かし

　「いい人」と言われたら悪い気はしないでしょう。でも「いい人」って、たいていの場合「都合がいい人」とかぶります。人がだれかを「いい人」と言うとき、そのほとんどは自分と周囲の人に良いことをしてくれた場合です。

　「いい人」も「都合がいい人」も、それがいけないわけではありません。問題は、いい人でいようとするために自分以外を優先してしまうことです。

　「旅行に行くので、旅行中の間だけ家へ来て猫の世話をしてほしい」。

友達に頼まれて「猫と遊べるんだ、うれしいな」と思うなら良いですよね。そして、相手からは「いい人」認定されるでしょう。自分が楽しいことをするだけなので、別に「いい人」と思われることなんて期待していないでしょうが。

　一方で、「忙しいし、遠いから行くのは大変だ。交通費はもらえるんだろうか。こちらから請求しづらいし、でも断るのは悪いし」ということで、モヤモヤしながら引き受けたとします。

　この場合は、「都合のいい人」です。頼んだ相手は、あなたのそんな気持ちを知らない

まま「いい人」だと思っているかもしれません。でも、「人の頼みを断れない人だから」と認識して頼んできたとしたら「都合のいい人」認定されています。

　ここまで読んできてくれたなら、もう「いい人だと思われたいから」と何かをするなんていう選択肢はありませんよね。

　何度でも繰り返します。人が自分をどう思うかは関係ない。気にしない。自分がやりたいことをする。その結果、「いい人」「都合のいい人」「困っているのに助けてくれない人」その他、どう思われてもいいのです。

思いのままに悪者に
なるのも悪くない

　明るく朗らかに、マイナスのことは考えず自然体で。

　いつでもそんなふうにいられたらいいですよね。ガマンはしないということはすでにお伝えしています。でも、いつでもプラス思考でいるべき、と思っている人は少なくありません。

　私はもともとプラス思考で、いつも笑ってると言われていますが、そうしようと思っているわけではありません。それに、人に対する不満を家でひとり言葉にしたり、仲の良い友達に夫の不満を半分ネタにしつつもらしたりもしています。苦手な経理関係の仕事をし

ているときは、かなりしかめっ面になってい
るんじゃないかと思います。

「人のことは気にしないんでしょ」といわれ
れば、そうです。気にしません。気にしてい
るわけでなく、ムカッとしたり、モヤっとし
たりしたことを、おもしろがって発散してい
るだけです。

　おもしろがってとはいっても、マイナスの
言葉や思考はマイナスを呼び込みます。夫が
○○だから嫌だと思っていれば、もっと○○
になる。嫌だと思う思考がそうさせていきま
す。だから、マイナスな思いは溜め込まず、
グチりたいことは軽くぐちって（そもそもそ

んなにないですし）、あとはクヨクヨ・イラ
イラしたり「なんで○○なんだろう」なんて
考えたりしない。むしろネタにし笑い飛ばす。

　自分の中のマイナス面を抑え込まないでく
ださい。認めてあげて、発散してください。
原因を考えたり、納得したりしなくていいん
です。ただ、感覚のままに。

　そういえば、こんなおもろい話があります。

　マイナスな言葉を口にしてしまったとき、
心に抱いてしまったとき、「な〜んてね」と
口に出して笑う。これでなかったことになる
そうですよ。便利でしょ。

来るもの拒まず、去る もの追わずの是非

「来るもの拒まず、去るもの追わず」は、プラスのイメージで使われることが多いようです。なんでも流れのままに受け入れるという感じですね。

逆に「チャンスの後ろはハゲ頭」という言葉もあります。チャンスが来たときに、通り過ぎてからつかもうとしても、後ろには毛がないからつかむことができないという意味。「チャンスがきたら迷わずつかめ、手遅れにならないように」というところでしょうか。

流れにまかせるか、積極的につかみにいくか。これはどちらが良いというものでもないような気がします。私自身、無理をして何か

をしようとは思わないけれど、やりたいこと
があるときは、どんどん動きます。

　すべて感覚にしたがってのことなので、そ
れで良いと考えています。「自分はこういう
人間だ」とか「こういう生き方をするんだ」
なんて決めつけず、その時々でやりたいよう
にしているのだから、どちらかなんて選べま
せん。

　たとえば、こんなこともありました。

　チャネリングやヒーラー養成講座をしてい
た頃、突然、ウェブサイトがすべて消えてし
まいました。管理会社によれば、そんなこと

があるはずないし、これまでもなかったとのこと。しかたないので新しいウェブサイトを作ろうとしたところ、トラブルばかりでどうしても進みません。

「ああ、これはもうウェブサイトでの人集めを止められているのだな」とわかって、スピリチュアルに関わることをストップしたのです。

これが逆に、ヒーラーを始めるときには、たまたま友達が持っていた物件が気に入って何も決まっていないのに申し込む。家具は友達の付き添いで出かけた先で「捨てるか迷っていた」というものをもらい、イベントでチ

ャネリングのブースを出店したらトイレに行く間もないほど人が集まってきた。

　来るものは、イヤなことなら拒み、そうでなければ拒まない。去るものは追おうとしたり、やっぱりやめたり。

　やりたいことがあれば、チャンスに飛びこもうとする。

　チャンスが来るというのは、やるべきときだということだし、まさにその瞬間瞬間に決めているという感じです。

Chapter

4

探しものは
なんですか？

誰にも降り注ぐ
メッセージ

ヒーラー養成講座をやっていたとき、受講生の皆さんによく聞かれました。

「なぜ先生は、やりたいことがなんでもうまくいくのですか？」

「ストップがかかるってどういうことですか？」

「私にも"後ろのヒト"はいるのでしょうか？」

一応師匠ということなので、説明しようと頑張ります。しかしまあ、伝わらない。言葉で伝えるのは本当に難しいんです。

でも、私の講義を聞いたり、私を見ていて同じような体験をした受講生さんは「こういうことなんですね！」と言います。目をキラキラさせて…。

　そして、体験を積み重ねることで、感覚でわかるようになっていきます。

　体験するというのは、今までなかったことが起きるのではなく、いつでも起きていたことに気づいたということです。

　誰にでも、必要なときに必要なメッセージや感覚が届いています。気づくか気づかないか。そして素直に受け取るか、受け取らない

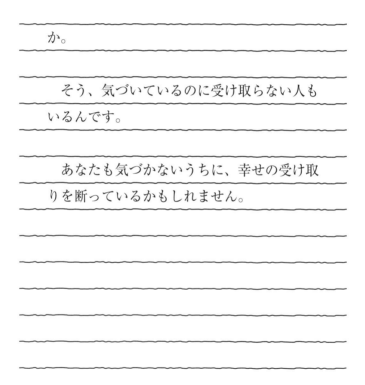

か。

　そう、気づいているのに受け取らない人も
いるんです。

　あなたも気づかないうちに、幸せの受け取
りを断っているかもしれません。

ウマい話を
こわがる不思議

よく聞く言葉で、すごく不思議なことがあります。

「そんなウマい話があるわけない」

「だまされてるんじゃない？」

そんなふうに思っている人はいませんか？
それってなんで？

親や先生に言われた。儲け話に乗るなんてずるいこと。必ずしっぺ返しがくる。詐欺に遭うかも。

すべて頭で作り出したことですよね。

自分が何かをしようとするとき、頭でストップをかけてしまって感覚のままに動くことをじゃまするもの。そんなん、全部なくしましょ。なくさなければメッセージなんて受け取れるはずないんです。

　もちろん、ダメなときは強烈にストップがかかります。

　それでもいうことをきかなかったら、髪の毛を引っ張られて転んだこともあるし。

　ダメなことはダメって、ちゃんとメッセージがきます。だから「だまされるんちゃう？」とか「ウマい話すぎておかしい」なんて考え

る必要なし。だまされると思っていたらだまされますし、損をするかもと思っていたら損をします。だって、自分がそう感じている。つまり自分がそういう世界をつくっているから。

「でも、そういうふうに考えるのが、メッセージや、大いなる感覚からのストップなんじゃないんですか？」とも聞かれますが、そんなことありません。それは、自分の頭で考えていること、自分の正解を正当化したいだけです。

　ダメなことなら、そもそもそんな話がきません。

話がきても「得だな」とか「いい話だな」なんて感じません。だから「ウマい話だけど裏があるんじゃないか」なんて考える必要ないんです。

　ただし、ずっといろいろなことを疑って、自分の感覚よりも他人の言葉や世間の常識（といわれているもの）を信じて生きてきたなら、突然自分の感覚を過信するのもあぶないかも。

　そこで、普段から自然に触れたりして自分の感覚に正直に「考えるな、感じろ」でいられるようにしましょう。

自然といっても山に登ったり、わざわざ滝に打たれたりする必要ないですよ。（したい時にはアリですが）。散歩で道端の草花や虫に足を止めてみたり、帰り道にいつもの角ではないところを曲がったり。

　特別なことは何もいらない。今のままでいい。まずは今のままを知ることです。

イメージしてみて

この世界はすべて自分がつくりだしている。

よく言われることですし、この本でもすでに書いてきました。その真意が、だんだんおわかりかなと思います。

それでは、イメージしてみてください。

自分が本当にしたいことは何なのか。

「将来どうなりたい」とか「いつかこうしてみたい」「私の使命は、、」といったことではありませんよ。今、自分がどうしたいか。どのようにしているのが心地良いのか。

頭で考えるのではなく、感じてみてください。最初はちょっと難しいかもしれませんが、ただ好きなこと、したいこと、こうだったらいいなと思うことを頭に浮かべてみます。

　イメージできたら、とりあえず、ほっといてみてください。

「え？　せっかくイメージしたのに？」と思われたかもしれませんね。

　というのも、本当にやりたいこと、やる流れになることなら、人はどうしたってやることになるんです。

なにそれ？？

　イメージしたことを忘れてソファに寝っ転がってくつろいでいたら、急にやりたくなってきたり、友達からLINEが急に来て一緒にやることになったり、ふとつけたテレビからその情報が流れてきたり。

　そんなこと、誰でもありますよね。ちゃんとやるための状況が整っていくのです。

　それは今すぐではないこともももちろんあります。何年か前に感じていたことだったり、昨日ふと誰かに言ってたことだったりもします。

なので、無理に頭で「やりたいことは何か」とイメージする必要もありません。

　楽しみながらイメージする、知らない間にイメージしてた。そして、感覚を感じてみる、がいいですね。

　思うがままの人生のはじまりは、自分の思うがままを知ることです。

　そんな当たり前のことを、見逃している人が多いのです。

　誰かと較べることばかりの現代社会で、あいまいな常識やルールがいっぱいの人間関係

の中で、自分は表に出ることなく、他人のすることにケチをつけて正義ぶる人が表に出やすい状況なのも事実です。

　ただ自分の感覚のままに生きるという、当たり前のことが難しいことになっているような気がします。

イメージの主体は自分

　私が子どもたちに常に「自分がどうしたいか」を聞いていたということは書きました。同じように「イメージすること」もいつもいつも促してきました。

　家族で遊びに行った帰り道、渋滞する車の中で退屈してきた子どもたちに「道から車がどんどん消えて、スイスイ走れる様子をイメージしてみて」とか。

　「本気でそう考えて、頭の中でその絵をはっきりと浮かべんやで。そしたら目の前に実際にそれがあるんやで」って。

　夫は「そんなんで渋滞がなくなったら、世

の中の問題はすべて解決や」と言うけれど、子どもたちは素直です。本気で車を一つひとつ消していって……。

　渋滞は解消し、喜ぶ私たちと黙り込む夫。（ホントなのです！）

　空き待ちの車でごったがえす駐車場でもそう。「ちょうど入りやすいところが空く」ことを本気でイメージすれば、そうなります。

「だったら自分は世界平和を本気で願ってイメージする」とか「通勤電車でいつも座れるようイメージする」なんて言う人もいます。

「本当に世界が平和になってほしいんです」。
そう言われて、それをイメージできますか？
本当に目の前でその光景を見ているように、
はっきりと思い浮かべられますか？

　イメージで世界平和が叶いにくいのは当然
です。世界平和のイメージがはっきりしてい
ないからです。自分だけのことではないし、
人によってもイメージはバラバラだし。

「飢える子どもをなくしたい」
「交通事故をなくしたい」といえば平和より
は具体的ですが、それらが、自分事として叶
った様子をはっきりイメージするのは難しく
ないですか？

私にはできないです。

　それに対して「通勤電車で座れる」は、けっこう実現します。でもみんなもそう思っていたら、全員の願いがいつでも叶うというわけにはいきません。

　私より強く座っている自分をイメージしている人がいるかもしれませんから。

　今、ここ、自分。

　イメージを実現させるためにも、これが欠かせないのです。

心も身体も
現実に変わる

イメージというと、どうしても概念的に感じられてしまうかもしれません。そこで息子の体験をもうひとつ。

ある日、学校から帰ってきた息子のすねのところに、大きな穴が空いていました。驚いて「どうしたん!?」と聞くと「ケガした」と。うん、それはわかってる。

さすがにあわてる私に淡々と「あれある？」と聞く息子。あ、あれね。そこで私は落ち着きを取り戻しました。あれがあれば大丈夫だもんね。

あれとは、ドラッグストアで普通に買える、

傷口を早く治す絆創膏です。一般的に使われているものです。息子はそれを塗って、何事もなかったようにゲームをはじめました。息子の中では、ケガはこれで治ったんです。

　ここで「何があったのか」「どういう状況だったのか」「痛みはないのか」など、いろいろ聞きたくなります。でも、意味がない。

　「痛いの？」「うん、痛い」となれば、痛くなります。「痛くない」ということでも、一度痛みに意識をフォーカスすることになります。ケガをしたときのことを根掘り葉掘り聞けば、ケガをしたときの状態に意識が留まります。

今、ここで本人が大丈夫といっているのだから大丈夫。息子が治ったと思うなら治っています。実際に２～３日くらいは傷がありましたが、１週間足らずでわからなくなりました。ボコっとえぐれていた肉の穴が、いつもの足になっていました。

　ケガが治るということについては、子ども時代の私自身にも同じような経験があります。もちろんこれは病院に行かなきゃ！　と感じた時はすぐに行きます。それも感覚に沿えるようになれば一番いいですよね。

「ほしいものが、
ほしい」なんて

今から30年ほど前のこと。百貨店の宣伝文句に「ほしいものが、ほしいわ」というのがあったことを覚えています。バブルがもうすぐ終わるというころだったかな。もちろん、当時はバブルが終わるなんて思っていないし、今と較べると、モノ的にもキモチ的にも豊かな時代だったのだと思います。

この言葉をつくった人が込めたかったものが何なのか。すべてを正しくわかることはできませんが、私はこんなふうに受け取りました。

「本当にほしいものだけがほしい」「心からほしいと思えるものがほしい」と。

この言葉が宣伝文句として成り立ったということは、多くの人の心に刺さった(もしくは刺さると思われた)からでしょう。

　でも、当たり前のことなんですよね。当たり前のことだと思うのだけれど、多くの人が「そうだ」って改めて気づかされたということ。もしくはハッとしたということ。

　バブルの時代、お金やモノがあふれていたはずなのに、本当にほしいものは満ち足りていなかったのかもしれません。

　今の日本は当時に較べてかなりの不景気かもしれないけれど、バブルだろうと、景気が

どん底だろうと、生活は続いていきます。必要なものはそれほど変わらないはず。外の状況がどうであっても、自分は自分なんです。

自分がほしいものがわかっていて、それが手に入ることを知っていること。そうであれば問題はありません。まわりに振り回されることなく、心地良くハッピーでいられます。

今、あなたが本当にほしいものはなんですか？

気づくだけで
世界が変わる

「気づき」もまた特別視されているようだけれど、それもまた、当たり前のことです。「気づき」という言葉のマジックかもしれませんね。

「気づき」があるということは、それまでは気づいていなかったということ。これもまた理屈っぽくて好きではありませんが、スピリチュアルにしても、ビジネスにしても (そして健康や美容やすべてのことに)、それぞれ何かを特別に見せる言葉があふれています。

言葉にすることでわかりやすく、「気づき」やすくなることはたくさんあります。同時に見えなくなってしまうものも少なくありませ

ん。特に、言葉で定義づけてわかったような
気になってしまうことが多いです。

　そのものの本質が見えにくくなってしまう。
それは厄介なことです。

　思うがままの世界には気づきなんていう言
葉はないはずで、原因と結果の世界にとらわ
れているから、対極である「気づき」を必要
とするのかもしれません。

　とはいえ、私自身も講座などでは「気づ
き」という言葉を使ったり、いろいろ説明し
たりもしてきました。こうして本を書いてい
ることもそうです。

だからこそ、言葉を言葉で終わらせず、わかった気になることなく、実際に自分で気づいてほしい。

　自分の世界が変わる瞬間を体感してほしいと思います。

　そのためには、繰り返しお伝えしているように、自分の感覚にしたがって、したいことをするだけです。

「どうしたら感覚にしたがって生きられますか？」

　その問いに対する答は難しい。自分に必要

なものは、すべて揃っていると気づくことだとしか言えません。いつでも、どこでも、何の過不足はない。

　今ここが最高であること。本当はあなたの思い描いているとおりであること。

　「そんなわけない」と思うのであれば、どんな世界を望んでいるのでしょうか？　その世界をイメージしてください。目を開けて周りを見回すと、「あ。そうか。これがそうなんだ。ここがそうなんだ。」って。

　その瞬間、あなたの世界が変わります。

お金の不思議

　さて、イメージの話が続いたので、ここで現実的な話を少し。現実的な話というのはわかりやすいものです。お金はその最たるものかもしれません。

　100円のものを買うのには100円が必要。これは日本全国変わりません。ものの値段は時や場所によって変わるけれど、お金の価値そのものは変わることはありません。インフレはお金の価値が下がることと解釈されますが、ものの値段が高くなるから、同じお金で買えるものが少なくなるということ。100円払ったのに50円のものしか買えないわけではなく、100円で100円のものが買える。つまり、お金の価値そのものが変わるわけではありません。

そして、お金の話をすることは下品なこと。日本では他の多くの国々に較べてそういう意識がまかり通っているようです。

　目的を達成するために、一生懸命がんばりましたといえば、一般的にはほめられるでしょう。しかし、お金を稼ぐために必死で努力しましたというと、なんだかイヤらしい。

　ところがこれが、恵まれない子どもたちを助けるための施設をつくりたくて、とにかく資金を稼ぐために死に物狂いでしたといえば、またなんとなくカッコいいという見方にもなりそうです。

　それにお金の稼ぎ方についても、いろいろ

いわれます。先物取引で大儲けしたといえば、頭がキレるとか、先見の明があるとかいう評価はあるかもしれませんが、なんとなく日本では尊敬の対象にはなりにくいような気がします。

昔の成功者のような、蛍の光、窓の雪を灯りに勉強して、奨学金で良い学校に通い、丁稚奉公で苦労の末にお金を貯めたというほうが、なんだか信用できる人のような…。

それこそ、イメージに惑わされていることだと思いませんか。誰がどんな目的で植えつけたのかわからない「お金は悪」というイメージに、です。

どうやって稼ごうが、どれだけ稼ごうが、1万円は1万円、1億も1億です。「野菜」のように育て方で栄養やおいしさが変わるわけではありません。

金（きん）ならともかく、お金は紙の質や硬貨の材料、純度も同じです。これほど画一的なものはないのに、人によって感じるイメージはバラバラです。ものすごく不思議なものですよね。

真実をいえば、お金も意識の反映なんです。それが理解できれば、お金の不思議さも、お金とどのようにつきあえばいいのかもわかるはずです。

お金に愛される人
避けられる人

価値は一切変わらないのに、イメージは変幻自在。そして必要なときに必要なだけ活躍してくれる。お金が意識の反映であるゆえんであり、それこそ、自分で自由自在にできるものといえそうです。

だからこそ、お金に対してマイナスのイメージをもっている人のところには、お金はやってきません。来たとしても留まらず、通り過ぎていきます。

これらのことを「お金が居心地悪く感じる」とか、「お金は居心地の良いところに集まる」というように表現することがあります。もちろん、わかりやすく言っているだけで、

お金に意思や人格のようなものがあるわけで
はありません。

　すべては、お金を扱う人がそのお金につい
て、どのように感じているかということです。
お金がないと思うこともその人が勝手に感じ
たこと。

　お金は足りていると思うならエネルギーが
満ち足ります。

　良いイメージならそのように。

　引け目を感じていたり、マイナスな思いが
あったりすれば、良い使い方はできないし、

お金は留まりません。

　お金があったほうがいいとか、ないといけないとか、逆になくてもいいとか、そういう話をしているわけではありません。

　実際には、必要なものはいつでも満ち足りているので、お金はあってもいいし、なくてもいい、が本当なのです。

　お金がないとできないことがあるというのも幻想です。本当にやりたいこと、すべきことのためのお金は必ず用意されていきます。お金がなくても、できる状況が用意されるのです。

見栄や、なんとなく流されて使うお金は、いくらあっても足りないものですが…。

　お金に対して良いイメージをもつためには、特に、お金を使うときに感謝して喜んで使うのがいいです。これはなかなか難しいかもしれませんが、出すことをつい拒んでしまったり、なくなるのではないかと不安に思ったりすれば、その瞬間緊張してしまい、次に良いことが起きなくなってしまいます。

　私は、お金を使うのが好きな方だと思います。だって、基本的にお金をもらうと誰でも嬉しいし、お店でたくさん買えば売上が上がって喜ばれますよね。

「もったいない」「損してないかな？」

　そんなふうに思いながら使うお金は、それこそムダ金となりもったいない。大損です。

　「このためにお金を使えてうれしい」「幸せだ」と感謝しながらお金を使ってください。もちろんそのためには、自分が本当にほしいもの、やりたいことにお金を使うことです。

縁に恵まれる人
イマイチな人

　縁というのはすべてに関わること。お金も
そうですし、人でもものでも、出来事でもそ
う。あるものと関わって、何かが起きる。そ
こには見えない力が働くといわれています。

　それはそうなのですが、原因と結果の世界
を卒業すると、縁もまた思い通り。というよ
りも、縁こそ思い通りになるものです。つま
り、縁に恵まれるためには、原因と結果を求
めない。頭で考えずに感覚にしたがうのが近
道です。そうしてめぐり合った縁には感謝を
すること。これも大事です。

　腐れ縁の話を書きましたが、縁は自分の世
界においてとても重要なものだけれど、それ

は切ることも含めてです。結ぶだけが縁では
なく、切ることもまた縁のひとつの形です。

　さてそのうえで、感覚や原因と結果からの
卒業に完全に行き着くまでに、良い縁に囲ま
れて過ごすためのポイントとは？

　それは、執着を捨てること。これは欠かせ
ません。繰り返しになりますが、この縁を逃
したくないと願うまでもなく、必要な縁はち
ゃんと結ばれていきます。

　執着によって絡みついている縁があること
で、良い縁が通り過ぎていく、または切れて
しまうことは多々あります。

そしてもっと簡単なことをひとつ。身の回りをすっきりさせておくことです。余分なものを溜め込まない。整理整頓をする。

「それ、よく言われてる」といわれそうですが、欠かせないことだから書いておきます。

　心がすっきりしていないと、感覚は正しく働きません。頭の中が混乱していると、自分のしたいことがわかりません。

　心や頭をクリアにするための一番簡単な方法が、身の回りをきれいにすることです。瞑想をしても、ヒーリングに通っても、部屋の中や玄関、携帯電話やパソコンの画面やメモ

リがいっぱいいっぱいだったら、効果はあり
ません。

　これは感賞的なことだけでなく、脳科学的
にも証明されていることです。脳は視覚に入
ったものをすべて記憶しようとするのだとか。
こんなものは覚えなくてもいい、考えなくて
もいいと意識してもダメなのだそうです。

　ものが多ければ、それらを記憶しようとす
るだけでいっぱいいっぱいに。

　そうして疲れ切ってしまいます。感覚を働
かせたり、したいことを本気でイメージした
りすることができなくなります。

ここまで読んだら、ものが多い人、散らかっている人は片付けをしてすっきりするしかないですよね。

　まず、片付けや少しずつ断捨離をするのはいかがでしょう。本書も、よりスイスイ読めるようになるんちゃうかしら？

探すのを
やめてみたら…

結局のところ、手放すことは欠かせません。
大切なものを得るためには、必要ないものを
手放す。

「ギリギリ空いているよ」というのはダメで
「スペースがいくらでもあるよ」っていうと
ころに、強いエネルギー、良いエネルギーは
集まります。

そうやってスペースに余裕をもたせておく
ことと同時に、無理をしないこと。余裕があ
るということは、無理をしないということで
すから、すべてはつながっているわけです。

執着をしないということは、今あるものに

対してだけでなく、追い求めることに関して
もいえます。

　家の中で確かにあったものが見つからない
とき、必死に探しているときにはどうしても
出てこなかったのに、ふとしたときに見つか
ることがありませんか。しかも「絶対ここ探
してんけど」っていう場所から。

　歌にもあるように「探すのをやめたとき、
見つかることもよくある話」なので、なんに
してもムリクり探すよりは、楽しく踊ってい
たりするほうがいいのです。

　メッセージがこない。直感がわからない。

良い縁もお金もない。感覚なんて感じられない。

　そう思っているかぎり、探しもの、求めるものは見つかりません。もったいないですよ。必ずそこにあるのですから。たとえまだそう思えなくても、あるということを信じてみましょう。

　そして、部屋を片付け、お笑いでも見てケラケラ笑って、口角を上げて過ごしましょう。

　「あれ、なんや楽しい気分になってきた」ということならしめたもの。「なんや、大丈夫やん」ってなる流れに乗っていますよ。

真面目とエゴの根は
一緒？

　真面目というのは、とても尊ばれることです。ヒーラーさんには、物事をあいまいにせず突き詰めて考える真面目な人が多いと感じますし、受講生さんにもとても真面目な人が多かったです。

　いっておきますが、私も真面目な人間です（笑）。

　ただし「真面目な責任感」が行き過ぎると、その根っこはエゴとつながってしまうかもしれません。

　「損をしたくない」「いい思いをしたい」「責められたくない」これらは真面目とは相反す

るようですが「自分の感覚を無視する」とい
う意味で共通する要素があるのです。

　それを続けていると、いずれは病気になっ
たり、お金を失ったり、そんなにはっきりし
たことでなくても、どこかで何かがうまくい
かなくなってきます。

　真面目ゆえに、したいことを我慢しすぎた
り、誰かのためを思ってがんばりすぎたり
「自分にはまだふさわしくない」と遠慮して
しまったり。それもまた感覚に反すること、
不自然なことです。

　しかもそういった我慢の気持ちを「エゴを

手放したこと」「欲に負けないこと」などと
解釈してしまったら(そういう意識になりが
ちです)、どんどんおかしな方向に進んでし
まいます。

　自分の感覚をよく感じてみてください。他
人の目や意識と混同していませんか。ほしい
ものはほしいと素直に認めていますか?

　人は変化をおそれるようにできています。
たとえ自分のしたいことだといっても、今を
変えることはこわいこと、面倒なことなので
す。だから、自然と言い訳を思いついてしま
う。それを直感だとか、気づきだと思い込ん
でしまうことが多いのです。

そういうことを繰り返していれば、ますます変化は難しくなります。

　でも、いつでも感じるままにしていれば、いつしかそれが日常になります。

　さぁ、感覚に意識を向けてみましょう。

「こんにちは！」の輪をつくりました。

　それは、ある日のこと。

　急に思い立って、マンションで会う人たち
に「こんにちは」と声をかけるようにしてい
きました。

　普通のあいさつは、それまでももちろんし
ていました。

　しかし、いかにも同じマンションの知らな
い住人同士という静かなあいさつではなく、
会いたい人に道で偶然出会えたという感じで、
ニッコニコしながら「こんにちは！」って大
声であいさつしてみたんです。

　最初の数人は、私の元気さと馴れ馴れしさ

にビクッとして「こ…こんにちは…」と戸惑
い半分でした。楽しい気分で続けているうち
に、ノリノリ（？）で「こんにちは！」と返
してくれたり、相手のほうから先に元気なあ
いさつをされたり。

　同じ人じゃないですよ。たくさんの人が住
んでいる集合住宅ですから、会う人はいつも
違う。遠くのほうから出会った人同士が、元
気にあいさつを交わしている声が聞こえてく
ることも増えました。

　帰ってきた夫が「なんや、知らん人にすご
い明るくあいさつされたで。だれかと間違っ
てるんやないか？」というので「気持ちいい

やん。ええことやん。負けずに元気で返さん
と」と言いながら笑ってしまいました。

　ただ、たまたま出会った人にするあいさつ
に、元気をこめただけで、その輪がどんどん
広がっていく。だれがはじめたかなんて関係
なく、プラスのエネルギーが回り出す。きっ
かけは難しいことじゃなくていいんです。

「知らない人に話しかけるなんて、あぶない
んちゃう？」なんて言われることもあります
が、あぶない人には話しかけません。

　知らない人にもあいさつをして、困ってい
そうな人がいたらどんどん話しかけます。

　駅で「乗るはずの電車が行ってしまった。

次の電車は〇〇に止まるだろうか」と携帯電話に向かって聞いている人がいたとき、電話の相手の人も答えてくれるかもしれないけれど、すぐにはわからないかもしれない。私は近くにいて、答えを知っていますから、その人のところに行って「止まりますよ！」と教えてあげます。

　相手はビックリするかもしれないけれど、もしかしたら引かれるかもしれないけれど、でもいいじゃないですか。悪いことをしているわけじゃない……というより、良いことしかしていない（私にとって）。

　相手が感謝してくれるかどうかなんて関係

ないし、急に話しかけられて迷惑と思われて
もいい。だって、その一言を伝えるだけです
もん。
「この電車で大丈夫やで」と心の中で思い続
けるよりずっといい。

　私はそう思うからそうするだけです。

Chapter

目覚めた先に
広がる世界

ビジネスの世界へGO

　1章のコラムに書いたとおり、私は家庭教師からヒーラーとしてサロンを開き、その後、ヒーラーの養成などに携わってきました。すべて、まずはこうして、次にこうして、それから……などと考えて動いたわけではなく、そのとき、その場の感覚にしたがって、したいと思うことをしてきました。

　そのためにさまざまなことを勉強し、資本金も人脈もなく、何も知らないところから起業したので、人から見れば失敗ということもたくさんありました。数字を見るのも苦手で、いまだに四苦八苦することもしばしばです。でも、私自身はやりたいことをやっているだけで、なんでも経験になって楽しみなので

「失敗」と思ったことはありません。

　理屈は嫌いだし面倒だといいましたが、興味のあることはなんでも勉強するのが好き。

　直感や本当の自分のことを理解したいという気持ちにしたがい、ヒプノセラピーや右脳開発を学んで、自分の経験をもとにしたオリジナルの右脳開発法も編み出しました。

　そして今、ヒーラーや各種養成講座を一度終わりにして、新たなビジネスの世界を探検しています。

　その多くはまったく新しい分野なので、私

を知る人たちには「また、なにを始めたん？」と思われていることと思います。それこそまったく知らない世界でしたが「やってみたい」→「やろう」となったら、これまでやってきたいろいろなことと同じように、協力してくれる会社や人が集まってきました。そして、最初の目標である脳機能を高めるサプリメントはすでに商品化することができました。

　仲間に話すと「はぁ？」って言われるくらい急な話。「なんでもうサプリメントができてるん？」って驚かれています。次の自然由来化粧品も商品化目前。国内はもちろん海外にも広げていきます。

なんでもはじめるときは大変だけれどワクワクが勝つ感じ。

　今もまたそういう状態で、琵琶湖畔から引っ越した神社が周りにいっぱいある比叡山麓の田舎街で、人から見ればのんびり、でも心の中は興奮、ただし自然体は崩さず無理はしないという感じの毎日です。

「女性が輝く社会」
の意味

　　ヒーリング関連のことをやめて新しいビジネスをはじめたという話をすると「なんで？もったいない」という人がいます。たいていは知り合いだけれど、本当に深い関係性ではない人です。私のことをよく知っている人は「またかいな」とか「しのぶちゃんらしいわ」という反応。

　　これまで受講生さんたちに伝えてきたことは、すべて私自身が実践してうまくいったこと、体験して実りを得たことばかりです。言葉で理論を伝えることはもちろんですが、それ以上に大切なのは実体験と自分の感覚。だから自分が実際に体験したこと、感じたことしかお伝えできないのです。

　　そして、これまでもこれからも一貫して願

うのが、女性が本当の意味で輝く社会の実現です。社会の実現といっても、大上段なことをするつもりはありません。出会った方々の中で必要な人、飛び込んできた人に、私が伝えられることを伝えていくだけです。

　それがどのような形になるか今はわかりませんが、たとえば女性のための起業講座や、右脳開発、コンサルティングのような形になるかもしれません。

　そしてなにより、サプリメントや化粧品など、私が生み出すもの自体が女性を（女性だけではありませんが）応援するためのもの。私自身がほしいからつくった、日々をもっと心地良く暮らすため、毎日を充実させるサポートをするためのものたちです。

10万円のサプリメント
ってアリ？

　私がサプリメントの話をすると、驚かれることがもうひとつ。約1カ月分で10万円くらいの価格設定もアリということです。

　これにはもちろん理由があります。飲むことによって本当に作用が期待できるものでなければ意味がないと思っているからです。

　この世にサプリメントはいくらでもありますが、私がほしかったのは、脳の機能に作用する栄養補助食品です。一般的な価格（1カ月分1万円くらいまででしょうか）でつくると、有用な成分があまりたくさん入れられないということを聞き、値段は気にしなくていいので、本当に良い成分を、入れられるだけ

入れてほしいとお願いしました。

　私たちの心と身体のすべてを司り、24時間365日、命あるかぎり働き続ける脳。脳の重さは身体全体の２％程度なのに、消費するエネルギーは約20％という説もあります。

　そんな脳を栄養面でサポートするためのサプリメント。元気いっぱいにプラス思考でイキイキと過ごすため、そして物忘れや認知症など、脳に関わる症状についてもサポートしたいということで開発を進めました。

　また、同年代の女性から多く相談されるのが更年期のさまざまな症状。私も経験したの

でそのつらさはよくわかります。今回開発し
た脳機能サプリメントには、更年期のつらい
症状にもいいとされる成分も調合しています。

　誠実で技術力の高い製薬会社さんとめぐり
あい、サプリメントのことや、販売について
もイチから教えてもらいながら製品化を実現
したものです。

　私の願いを叶えると「10万円くらいになっ
てしまいます」と言われて「わかりました」
と即答。すると製薬会社の担当さんも「それ
は良いものがつくれます！」と喜んでくれま
した。

サプリメントは、どうしても必要なもので
はありません。だからこそ「値段をこれくら
いにしたいから、そのようにつくってくださ
い」というつくり方はしたくなかった。

　「自分が飲み続けたい、本当にいいものをつ
くってください」。それで10万になるならそ
れでいい。10万円のサプリメントもアリなん
です。

スキンケアは
どこまでも

　自然由来化粧品も同じです。スキンケアって、毎日ずっと続けることじゃないですか。そこにストレスがあるというのは、私はそれこそもったいないと思います。

　毎日することだから、心地良く軽やかに。そして本当に意味があるように。

　化粧品は試作品ができた段階で、値段はまだ決まっていません。でも内容というか製品自体の仕様は決まっているので、それが1000円だろうと10万円だろうと、適切な価格であればそれでいい。

　友人に試作品を使ってもらっていますが、

みんな驚いたり喜んだり。みんなに最初に言われるのが「香りに癒される」。あとは人それぞれ「肌になじみすぎてつけたかどうかわからないほど」「朝起きたらピンって感じ」「肌がふわふわになってずっと触ってたい」。

なかには「他の化粧品との違いは、まだよくわからなかった」という声もあります。肌の状態も、使い心地の好みもみんな違うのだから、万人が良いというものはないはず。なので、どの意見もそれでいいし、感想を聞かせてもらえるのはうれしいことです。

サプリメントに続き販売をスタートできる日を楽しみにしています。製薬会社さんも

「こんなに惜しみなくつくられたサプリメントや化粧品はなかなかないから、きっと海外でもいけますよ」と言ってくれています。「なるほど」ですね。

　良いものには制限がなく、行くべきところ、どこにでも届くはずですものね。

いつでもどこでも
目覚めのはじまり

もしもこの世のすべての人が、自分の感覚をわかっていて、感覚にしたがって生きているとしたら、それはなんと素晴らしい世界でしょうか。

互いが互いを尊重しながら好きなことに夢中でいられる。噂や陰口、嫉妬、ひとりよがりの常識や正義感を振りかざす人もいない。足りないものはなく、人間だけでなく生きものすべてが満ち足りて暮らせる。

本来あるはずだったそういう世界から、社会はかけ離れてしまっています。そういう社会の一員として生きていく中で、どうしても理想どおりにいかないことがあるかもしれま

せん。

　でも理想は理想。追いかける必要はなくて、今、この現実で生きている中でやりたいようにすることです。

　理想どおりの世界であれば、ヒーラーやスピリチュアルといった分野は必要ないのかもしれません。いえ、多くのことが必要なくなり、本を読む人、テレビを見る人もいないかも。だって、だれもがすべて満たされているとしたら、他者からのものは必要なくなるはずだから。

　だとしたら、私はテレビでお笑いを見られ

る今の社会も悪くないなと思います。足りな
いものがなくても、さらに楽しいこととして
私にはお笑いがある（他にも好きなことはた
くさんありますが)。

　同じように、ヒーラーやカウンセラーを必
要とする人には、ちゃんとそういう存在があ
るのだから、それもいい。学びや訓練で気づ
きを得られるようになることもあります。そ
う思って、私もヒーリングやヒーラーの養成
をしていたのですから。

ヒーラーの役割とは

　ただし、気をつけなければいけないことがあります。スピリチュアルなことに反応しやすい人の中には、「何か特別なもの」を求めている人が少なからず存在しています。

　それは、自分の感覚に向き合うことなく、外の世界に何を求める。なおかつ理解しきれない神秘を感じるものを。

　そういう人たちは、ヒーラーを転々としがちです。最初は「おっ！」と思ったヒーラーでも、自分が言ってほしい言葉をくれなかったり、目新しい話がなくなったりすると「このヒーラーは違うかもしれない」ということで次のヒーラーを探す。

「自分に合わない」ということならともかく「このヒーラーは本物じゃない」「力がない」という人もいます。

　そもそも自分が自分の気持ちさえ感じられなくて他人にサポートを求めていながら、サポートしてくれる人をジャッジして批判するなんて。

　一方では、たしかに疑問なヒーラーさんもいます。そして当然、合う、合わないはあります。合わなければ、その感覚のままに別のヒーラーさんを選んだり、自分自身と向き合ったりしてください。

そこで、せめて自分と相手が合うか合わないかくらいは自分で判断できるようになってほしいです。

　本書のヒントも参考にしてみてください。

"引き寄せ"が目的に
なってない？

ヒーラーを転々とすることと同じように、引き寄せに並々ならぬ関心をもつ人もいます。「強く願うこと、心から信じるものは実現しやすい」という引き寄せの法則はそのとおりで、特別なことはありません。

私的には、願うから、信じるから実現するというよりは、すべてに実現していることに気づくというほうがしっくりきます。でも、願ったり信じたりすることは、しようと思えばできることなのでわかりやすいのかもしれません。

方法はどうだったとしても、願いが叶って心のままにいられることはハッピーです。それは、引き寄せで手に入れたあり方について

のこと。しかし、なかには引き寄せ自体、たとえば「願ったらあれが叶った」「こんなふうにうまくいった」ということ自体に価値を見出してしまう人がいます。

　引き寄せという、なかなかできない尊いこと（と勝手に思っていること）が達成できたという感じ。英会話が上達して喜ぶことと似ているかもしれません。アメリカやイギリスで生まれ育てば、英語が使えるのは当たり前。なにもすごいことではありません。

　英語が話せること自体がうれしいのではなく、英語で自由に意思疎通できることに意義があります。その部分を混同してしまってい

る人がいます。

「だとしても、結果的に引き寄せが叶っているのだからいいじゃない」という考えもあります。でもね、引き寄せ自体に価値があると思ってしまえば、次から次へと引き寄せないと満足できなくなってしまいそうです。「これを引き寄せられたから満足」ではなく「次はどんな引き寄せができるかな」「私はこんな引き寄せもできたよ」という……。

　引き寄せが叶ったとすれば、そこは目覚めの先の世界。思うがままの世界だということ。その認識がなければ、もっといえば、それを感じられなければ、引き寄せの真の価値を知ることにはならないような気がします。

非二元的価値観へ

　最後に少しだけ難しい話をしますね。非二元という考え方についてです。

　これが理解できると、すべてのことから力が抜けてとても楽に生きられるようになります。

　言葉にするのは難しい、もともと言葉にできるものでもないはずなので、興味があったら読んでみてください。

　非二元はノンデュアリティともいいます。二元にあらず。つまり二ではなく、自己とそれ以外の境界線が消えるということ。仏教でいえば悟りの状態でしょうか。

通常、私たちは自分とそれ以外を明確に分けています。「神が人間をつくったのは、自分が神だということを証明するため」なんていう話があります。神がただひとつの存在としているかぎり、自分が神だとはわからないし、いえない。人間がいれば、それに対して自分は神だといえる。つまりすべての存在は、他者があるから自分を見出せるという「二元」の考え方の中で私たちは生きています。

　「あなた」がいるから「私」がいる。私だけなら「私は○○です」なんていう必要はないし、自分自身でも自分が何かわからないということ。

うん、やっぱり言葉にするのは難しい。本当に言いたいことから、どんどん離れていってしまうような気がしています。それも二元だから、本当に言いたいことがあるから、そこから離れてしまうということを認識できるのですが。

　なぜ、本書も終盤というここで、非二元というワケのわからないことを言い出したかというと、非二元は「今、ここ」でもあるからです。「今、ここ」以外なにもない。ここに「自分」が入ってくると二元になってしまう。自分というのは他者に対しての自分だから。

　だから本当は「自分」というのもありませ

Chapter 5
目覚めた先に広がる世界

ん。

そういう世界、概念（というのも違うので
すが）があるということ。それは完全に自由
な、なにもかもが思いのまま、思いのまま以
外のものはなにもない世界なんだろうなって
理解しています。

常識や価値観からの
解放

本当に最後です。非二元の話をしたのは、常識や価値観からの解放についてお伝えしたかったからなのです。

しっかり理解できないとしても（私自身も、非二元をちゃんと理解していると思っていないので）、今までの常識や価値観とは違う世界があるということを、ちょっとでも感じてもらえたらいいなと思ったからです。

わかりやすく言えば、常識は国や地域によっても全く違いますし、信じていること、文化なども人それぞれです。

常識や価値観なんて、当たり前に変わるん

です。コロナ渦では、それを実感した人が多かったでしょう。

　だからね、常識なんて気にする必要なし。人の噂も、人の言葉も、参考にするのはいいけれど、それにしばられて自分のやりたいことをやらないなんて意味がない。

　最後に暗い話はなんなので、身近な価値観の違いの例を。

　みんな大好きホルモンやマグロの大トロは、昔は捨てるものでした。

　ホルモンが「放る（捨てる）もん」だとい

う話、聞いたことがあるかもしれません。「こんなもん、気色悪くてよう食わん」といわれるもの。それが今や食べ放題でも人気。マグロの大トロにいたっては、お寿司屋さんなら超高級ネタです。誰でも手軽に乗れるタイムマシンができたら、過去に仕入れにいきたくなります。

「いや、そんなことに使うなよ、最先端の利器を。生臭くなりそうやん」って、自分で突っ込んで、しめくくりにしたいと思います。

あとがき

最後までお読みくださり、本当にありがとう
ございます。

私が最初から最後までお伝えしたかったこと
はただ一つ、
「心配や不安は頭の中だけにあるもので、実
際には起こっていない」
ということ。本の中でも書いたように、

頭の中で考えていること（思考）と、心で感

じていると思っていること（感情）は、
すべて虚構です。

目の前に見える風景、耳で聴こえる音、匂い、
肌で触れた感覚、舌で感じる味。
体で感じている感覚だけが「事実」としてあ
るだけなのです。

頭で考えるとさらに理解できないので、頭で
ごちゃごちゃ考えてるな〜、胸がザワザワす
るな、と思ったら
その瞬間、
ゆっくり深呼吸して体の感覚に気づいてくだ

さい。

例えば、地面を踏む足の感覚に気づいてみる。

その瞬間、他には何もありません。事実として足の感覚があるだけ。
心配や不安や疑念、不満足などは頭の中で勝手に作られただけですよね。

いまこの瞬間、満たされていて、何も不足はなく、完全なんだ。
ということに気づけば、あなたはもう、他に行くところはありません。

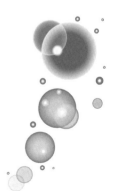

何かを求めたり、

何かを足そうとしたり、

先回りして行動しなきゃ、

ということもすべて必要なくなります。

完璧なタイミングで全てが自動で、自然に起こっている、

と、いうことにただ、気づくでしょう。

これまで多くの人にこのことを伝えてきましたが、

やはり頭で理解できるものではなく、その人の人生の中で気づくタイミングが完璧な流れ

の中で訪れるものだと思っています。

本書のタイトルである、

「今この瞬間からハピネスを創る」

ことは、それに気づいた今この瞬間からすぐ

にできるのです。

もちろん思考や感情はどんどん出てくるもの

なので、

出てきたら流す、また出てきたら流す。

体の感覚に気づく。この繰り返しです。

この本を読んでくださっている方は、これま

で思考と感情に振り回されるゲームをたくさ
ん体験してきた、という方が多いと思います
ので、これからは完璧な流れの中で「今この
瞬間からハピネスを創る」ことをぜひ楽しま
れてください。

今も、

次の瞬間も、

ハピネスしかない本当の世界へ、ご一緒に。

そこから自由に、今この瞬間やりたいことを
やりましょう。

本の出版にあたり、たくさんの方にお力添え
をいただきました。

まずは、三楽舎プロダクションの小林社長そ
して上江さんのお2人。

12年ぶりにそろそろ著者として出版しない
かとご連絡をくださり、
銀座の喫茶店で3人で夜中まで話して意気投
合。
今のスピリチュアル業界やクライアントに起
こっている問題に対し、
私と同じような見解をもっておられました。

ご連絡くださった時、私自身はスピリチュア
ルのスクール事業を辞めると決めていたので、
お二人に「え？！　先生辞めるの？　なん
で？！」と驚かれたのですが、
このタイミングで連絡したのも完璧な流れな
んでしょうね、とおっしゃってくださいまし
た。

他にもたくさんのご尽力くださったみなさま
や、そらとうみの生徒さんたち、家族や子供
たち、風舞くん（黒ポメ）に感謝の思いを伝
たいと思います。

ありがとう〜！（関西弁で）

この本が、読者のみなさんの「今この瞬間からハピネスを創る」お手伝いができましたら最高に嬉しいです。

これからも、今この瞬間瞬間、ハピネスを創っていきます。

SORAUMI BEAUTY CEO
永田しのぶ

永田 しのぶ（ながた しのぶ）

SORAUMI BEAUTY CEO
株式会社そらとうみ代表取締役
大学卒業後、ポールＪ・マイヤー氏の自己啓発プログラム「ＳＭＩ」の完全歩合営業を始め、潜在意識の活用法や成功哲学・能力開発を深く学ぶ。
32歳で入社した印刷会社では、大手電機メーカーの営業と所長を兼任。自身が受注した部品印刷で年間３億６千万円以上の売上を達成。
その後、プロ家庭教師として多くの子どもたちの指導に当たる中、催眠心理療法やチャネリング・ヒーリングを学び2011年２月、滋賀県堅田に「そらとうみ」開業後、口コミだけで予約が殺到し、毎日休みなくセッションや養成講座、セミナーを開催。現在は右脳開発や女性の起業コンサルティング、オリジナル化粧品やサプリの開発、海外進出と幅広く活躍中。

宇宙のまんなかでいまこの瞬間からハピネスを創る

2023年11月11日　第一刷発行

著　者　　　永田 しのぶ

発行所　　　㈱三楽舎プロダクション
　　　　　　〒170-0005　東京都豊島区南大塚3－53－2
　　　　　　大塚タウンビル３階
　　　　　　電話 03-5957-7783　FAX 03-5957-7784

発売所　　　星雲社（共同出版社・流通責任出版社）
　　　　　　〒112-0005　東京都文京区水道1－3－30
　　　　　　電話 03-3868-3275　FAX 03-3868-6588

印刷所　　　創栄図書印刷
装　幀　　　Malpu Design（宮崎萌美）
DTP 制作　　CAPS

三楽舎プロダクションの目指すもの

三楽舎という名称は孟子の尽心篇にある「君子に三楽あり」という言葉に由来しています。

孟子の三楽の一つ目は父母がそろって健在で兄弟に事故がないこと、二つ目は自らを省みて天地に恥じることがないこと、そして三つ目は天下の英才を集めて若い人を教育することと謳われています。

この考えが三楽舎プロダクションの根本の設立理念となっています。

生涯学習が叫ばれ、社会は少子化、高齢化さらに既存の知識が陳腐化していき、われわれはますます生きていくために、また自らの生涯を愉しむためにさまざまな知識を必要としています。

この知識こそ、真っ暗な中でひとり歩まなければならない人々の前を照らし、導き、激励をともなった勇気を与えるものであり、殺風景にならないように日々の時間を彩るお相手であると思います。

そして、それらはいずれも人間の経験という原資から繭のごとく紡ぎ出されるものであり、そうした人から人への経験の伝授こそ社会を発展させてきた、そしてこれからも社会を導いていくものなのです。

三楽舎プロダクションはこうしたなかにあり、人から人への知識・経験の媒介に関わり、社会の発展と人々の人生時間の充実に寄与するべく活動してまいりたいと思います。

どうぞよろしくご支援賜りますようお願い申しあげます。

三楽舎プロダクション一同